新時代の保育双書

保育内容
健　康

[第2版]

みらい

編集代表
春日　晃章　岐阜大学

編　　集
松田　繁樹　滋賀大学
中野　貴博　中京大学

執筆者および執筆分担（五十音順）
板谷　　厚　北海道教育大学─────────第7章第4節
小栗　和雄　岐阜聖徳学園大学────────第6章第1節
春日　晃章　前出──────────────第4章、第6章第2節、実践2、コラム4
門田理代子　元中村学園大学短期大学部────コラム2
河野　　隆　学校法人春日学園はなぞの北幼稚園─第5章第3節、実践1
香村　恵介　名城大学───────────実践4
古賀　範雄　元中村学園大学─────────第2章第1・2節
酒井　俊郎　中部大学───────────第1章第1・2節、コラム6・7
田中　浩子　元中村学園大学─────────第2章第4節
出村　友寛　仁愛大学───────────第7章第6節
中野　貴博　前出──────────────第3章、第6章第3節、実践3、コラム3
中野　裕史　中村学園大学──────────第2章第5節
野中　壽子　名古屋市立大学─────────第5章第4節
桧垣　淳子　中村学園大学──────────第2章第3節
平野　朋枝　名古屋短期大学─────────第1章第3〜5節、コラム1
堀　　建治　愛知東邦大学──────────第7章第1〜3節
松田　繁樹　前出──────────────第7章第5節、コラム8
水落　洋志　兵庫教育大学──────────第6章第4・5節
山下　　晋　岡崎女子短期大学─────────第5章第1・2節、コラム5

イラスト……鈴木　美鈴
　　　　　　ミゾグチギコウ

はじめに

　幼稚園、保育所、認定こども園に通園する幼児にとって、最も影響を受けるのが保育者（幼稚園教諭、保育士、保育教諭）です。保育者は、人生で初めて保護者から離れて協同生活をするときに出会うおとなであることから、幼児にとっては絶対的な存在なのかもしれません。言い換えれば、社会的な善悪や保育プログラムの意味合いも理解できない年齢であるが故に、保育者のすべての行動が子どもたちの成長に影響を及ぼすといっても過言ではありません。

　ヒトの脳は、満6歳までの間におとなの約85〜90％近くまで発育・発達します。つまり、ヒトの体だけでなく、心や社会性などもこの時期におおよその特性が形成されます。もちろん、この期間に形成された身体的、精神的、社会的特性は、一生涯にわたってその子どもの特性となり、生活習慣、対人関係、趣味・嗜好を決定づける内的要因として影響を与え続けます。昔から「三つ子（三歳児）の魂、百まで」と言われ、重要視されてきたのはそのためです。その大切な時期に保護者と同様、もしくは保護者以上に影響力をもつ保育者は、言い表せないほど重要な存在なのです。保育者が活動的な一日を過ごせば、まわりの子どもたちの活動量も活動強度も増加して活発な一日を過ごしますが、保育者が不活発であれば、子どもにも十分な身体活動量を確保できなくなります。

　本書に示す保育内容「健康」に関しては、「第Ⅰ部　理論編」として、幼児期における身体の発育・発達に関する基本的情報および幼児のけがや疾病への対応策、安全を確保するために留意すべき保育環境のあり方などについて解説しています。基本的知識を習得するとともに、幼児期における健康保持・増進を図る保育プログラムを作成するための基礎を培っていただきたいと思います。

　また、「第Ⅱ部　実践編」では、実際の保育現場で用いることのできるちょっとした工夫や、幼児の関心を引きつけ、興味を深めるためのアイデアを紹介しています。幼児期における心身の健全な成長に関して最も大切なことは、戸外で元気よく友達と群れながら遊び、身体活動量を常に確保することです。おとなと違い、幼児は、健康のために体を動かすことはありません。ですから、そこには「楽しい」「おもしろい」「やりたい」という思いがなければなりません。このような思いを抱かせ、自ら進んで戸外で活発に動く習慣を身につけさせるためにも、保育者のかかわりと工夫が重要となります。

　今回の本書の改訂にあたっては、2017（平成29）年に改訂（改定）された

幼稚園教育要領、保育所保育指針および小学校学習指導要領において重要視される「幼児期から高等学校までの教育全体を見通した教育」に関する解説も加えました。幼児期においては、「幼児期の終わりまでに育ってほしい10の姿」があげられていますが、いずれも心、体、社会性、認知能力にかかわるものであり、幼児期にあっては、集団における身体活動においてバランスよく育むことができる要素です。その意味で、ますます領域「健康」の担う役割は重要となります。ヒトの体や心は連続的に発育・発達していくことから、児童期を見据えながら、幼児期の計画的な保育プログラム提供が重要となるでしょう。

　本書は、幼児期における心身の発育・発達、幼児体育指導、健康管理、保育者養成などに関して、これまで深くかかわってこられた多くの専門家の先生方に協力をいただき完成しました。本書がこれから保育者を目指す学生の皆さんのみならず、現職の保育者の先生方にも広く活用していただける一冊となることを願っています。

　2018年2月

編集代表　春　日　晃　章
編　　集　松　田　繁　樹
　　　　　中　野　貴　博

● 目　次 ●

はじめに

第Ⅰ部　理論編
―保育における領域「健康」の理解―

第1章　領域「健康」のとらえ方と目指すもの

第1節●幼児にとっての健康とは……………………………………12
1 ── 健康とは　／12
2 ── 幼児の心身の健康　／13

第2節●幼児の健康を取り巻く諸問題………………………………14
1 ── 幼児の健康と環境　／14
2 ── 低出生体重児の増加　／16

第3節●新しい時代に向けた幼児教育と領域「健康」……………17
1 ── 幼児教育の活動全体において育みたい資質・能力　／17
2 ── 小学校教育との連携　／18

第4節●幼稚園教育要領における「健康」とは……………………19
1 ── 領域「健康」のねらい及び内容　／19
2 ── 領域「健康」の内容の取扱い　／20

第5節●保育所保育指針における「健康」とは……………………21
1 ── 養護に関わるねらい及び内容　／22
2 ── 領域「健康」に関わるねらい及び内容、内容の取扱い　／22

第6節●幼保連携型認定こども園教育・保育要領における
領域「健康」とは……………………………………………24

コラム1：諸外国の幼児教育における「健康」　／27

第2章　幼児の発育・発達

第1節●発育・発達とは………………………………………………28
1 ── 発育・発達の概念　／28
2 ── 発育・発達の特徴　／28

第2節●からだの発育・発達と健康……………………………………………29
  1 ── 体格　／29
  2 ── 生理機能　／31
  3 ── 運動機能　／33

第3節●こころの発達と健康………………………………………………………34
  1 ── 情緒の発達　／34
  2 ── パーソナリティの形成　／36

第4節●社会性の発達と健康………………………………………………………38
  1 ── 社会性の発達　／38
  2 ── 社会性の発達と遊びの発達　／39

第5節●脳の発育・発達と健康……………………………………………………40
  1 ── 脳の働き　／40
  2 ── 脳の発育・発達　／43

コラム2：遊びが育てる豊かな人間性　／46

第3章　幼児の生活習慣と健康

第1節●子どもの生活習慣の現状と課題…………………………………………47
  1 ── 睡眠を中心とした生活リズムの現状　／47
  2 ── 基本的生活習慣の現状　／49
  3 ── 今の子どもたちが抱える生活習慣の課題　／51

第2節●健康な生活リズムの理解と形成…………………………………………52
  1 ── 健康な生活リズムの理解　／52
  2 ── 活動と睡眠（休息）のバランス　／53
  3 ── 食習慣の形成と食育　／54

第3節●基本的生活習慣の理解と形成……………………………………………54
  1 ── 健康の土台としての基本的生活習慣　／54
  2 ── 基本的生活習慣の形成　／56

第4節●健全な生活習慣形成のための手法………………………………………59
  1 ── Health Quality Controlの理解　／59
  2 ── HQCの7つ道具　／60
  3 ── 生活習慣チェックの大切さと有効性　／62

コラム3：一番大切なのは生活のルールを守ること　／65

第4章　幼児の健康維持・増進のための身体活動

第1節●幼児の身体活動の現状と課題……………………………………66
　1 ── 活発に体を動かす機会の減少　／66
　2 ── 4つの「間」の減少　／68
　3 ── 活動不足がもたらす諸問題　／68

第2節●幼児期運動指針……………………………………………………71
　1 ── 幼児期運動指針とは　／71
　2 ── 幼児期運動指針の概要　／71
　3 ── 幼児期における運動のあり方　／72
　4 ── 効果的に指針を推進するための配慮　／73

第3節●幼児期における運動遊びの効果…………………………………74
　1 ── 体力・運動能力が向上する　／75
　2 ── 丈夫で健康的な体になる　／78
　3 ── 意欲的に取り組む心が育まれる　／81
　4 ── 社会適応力が発達する　／84

コラム4：運動やスポーツについて「話す」だけでも効果あり　／88

第5章　保育における運動指導と留意点

第1節●幼児期に身につけたい基本的動作…………………………………89
　1 ── 基本的動作とその分類　／89
　2 ── 幼児期における年齢別にみた運動のあり方　／91

第2節●運動指導の保育プログラム………………………………………93
　1 ── 手具を使った遊び　／93
　2 ── 伝承遊び　／97
　3 ── 指導計画の作成について　／100

第3節●運動遊びの指導上の留意点………………………………………102
　1 ── 運動遊び指導時のポイント　／102
　2 ── 適切な運動遊びのプログラム　／104

第4節●特別支援児に対する健康教育と運動指導 ………………………105
　1 ── 幼稚園・保育所等における特別支援　／105
　2 ── 健康教育指導上の配慮　／108

コラム5：運動ができるようになるための魔法の言葉　／112

第6章　健全な発育・発達の測定と評価方法

第1節●体格の測定評価 …………………………………………………………… 113
　　1 ── 肥満度とは　／113
　　2 ── 肥満度の計算　／114
　　3 ── 体格の評価方法　／115
　　4 ── 肥満度の計算と体格評価の事例　／116
　　5 ── Body Mass Index（BMI）による体格評価　／116

第2節●体力・運動能力の測定評価 …………………………………………… 117
　　1 ── 体力・運動能力テスト実施時の留意点　／117
　　2 ── 主なテストの測定方法　／119

第3節●身体活動量の測定評価 ………………………………………………… 129
　　1 ── 身体活動量の測定　／129
　　2 ── 身体活動量の評価　／130

第4節●幼児の心理のとらえ方　──運動遊びと運動有能感── ……………… 133

第5節●幼児の社会性のとらえ方　──運動遊びと社会性── ………………… 134

コラム6：世界の肥満対策は子どもから　／136
コラム7：子どもの肥満とやせの現状と環境的要因　／137

第7章　安全管理と安全教育

第1節●幼児のけがや事故の現状 ……………………………………………… 138

第2節●安全管理と安全教育の必要性 ………………………………………… 140
　　1 ── 安全管理の必要性　／140
　　2 ── 安全教育の必要性　／141

第3節●幼児期におけるけがや事故の原因と特徴 …………………………… 141

第4節●効果的な安全管理と安全教育 ………………………………………… 142
　　1 ── 効果的な安全管理　／142
　　2 ── 効果的な安全教育　／144

第5節●応急処置法 ……………………………………………………………… 146
　　1 ── 応急処置の基本　／146
　　2 ── 各種応急処置法　／148
　　3 ── 幼児期に特に重要な応急処置　／151
　　4 ── 心肺蘇生法　／154

         5 ── AED（自動体外式除細動器） ／155
第 6 節●幼児の疾病とその対応策および衛生管理 …………………………156
         1 ── 幼児の疾病 ／156
         2 ── 感染症について ／156
         3 ── 衛生管理 ／159
コラム 8：小さなけがの体験が大きなけがから身を守る ／161

第Ⅱ部　実践編
―保育者のための実践アイデア集―

実践1　ちょっとした工夫で広がる運動遊び

第 1 節●遊びの展開と演出を工夫する ………………………………………164
第 2 節●鬼遊びを例にした遊び方の工夫 ……………………………………164
         1 ──「しっぽとり」遊びの発展 ／164
         2 ──「タヌキとキツネ」遊びの発展 ／166
         3 ──「サメ君とカツオ君ゲーム」遊びの発展 ／167
         4 ──「じゃがりこちょこちょ」遊びの発展 ／168

実践2　運動遊びにかかわる実践アイデア集

第 1 節●3 年間を通した計画的な運動遊びプログラムの導入 …………170
第 2 節●ライン（線）の活用 …………………………………………………171
第 3 節●がんばりカードの活用 ………………………………………………172
第 4 節●ちょっとしたアイデアグッズの考案 ………………………………172
第 5 節●新聞紙ボールの活用 …………………………………………………173
第 6 節●合い言葉やキーワードを活用して盛り上げる ……………………174
第 7 節●固定遊具の活用　　―サーキット遊び― …………………………174
第 8 節●室内サーキット遊び　　―巧技台などの活用― …………………175
第 9 節●伝承遊びの活用　　―今月の伝承遊び― …………………………176
第10節●遊びのしかけ 1　　―泥団子づくり専用スペース― ……………177
第11節●遊びのしかけ 2　　―遊びたくなる手づくり遊具― ……………178
第12節●遊びのしかけ 3　　―跳びたくなるしかけ― ……………………179

第13節●せんせい追いかけっこ ―3分間走― ……………………… 182
第14節●運動会プログラムの工夫 ―運動会の練習を活用する― ……… 182
第15節●運動会プログラム案 ―運動を前面に出したプログラム― …… 183
第16節●子ども自身に戸外遊びの大切さを伝える ………………… 185

実践3　HQC手法を使った子どもの生活習慣改善法

第1節●生活習慣上の問題点を整理する　―特性要因図の作成― ……… 187
　　1 ── 事例紹介　／187
　　2 ── 特性要因図の作成事例　／187
第2節●HQCチェックシートを作成し、実践する ………………… 189
　　1 ── HQCチェックシートの作成事例　／189
　　2 ── 生活習慣チェック活動　／190
第3節●HQC活動の効果 ………………………………………… 190

実践4　手軽な「七つ道具」で広げる運動遊び

第1節●「新聞紙」を用いた運動遊びの展開例 …………………… 194
第2節●「牛乳パック」を用いた運動遊びの展開例 ……………… 196
第3節●「フラフープ」を用いた運動遊びの展開例 ……………… 199
第4節●「ゴムひも」を用いた運動遊びの展開例 ………………… 202
第5節●「タオル」を用いた運動遊びの展開例 …………………… 205
第6節●「長縄」を用いた運動遊びの展開例 ……………………… 208
第7節●「短縄」を用いた運動遊びの展開例 ……………………… 210

幼児期運動指針　／213
索引　／219

第Ⅰ部　理論編

——保育における領域「健康」の理解

第1章 領域「健康」のとらえ方と目指すもの

◆キーポイント◆

新しい子ども・子育て支援制度、いわゆる「子ども・子育て関連3法」が2012（平成24）年に成立し、2015（平成27）年4月から施行されており、今ほど保育・幼児教育を囲む制度や社会・政治情勢が激変しつつある時期はない。しかし、子どもの保育や幼児教育にかかわる誰もが、子どもが健康であってほしいと考えていることは普遍的事実であり、子どもが健やかにのびのびと成長するために、よりよい環境を構築することは共通の願いである。

本章では、幼児にとっての「健康」とは何か、幼児の健康を取り巻く諸問題を考え、次に対等に位置づけられた幼稚園教育要領と保育所保育指針における「健康」について検討し、さらに新しい時代に向けた幼児期の「健康」について概観していく。

第1節 ● 幼児にとっての健康とは

1 ── 健康とは

(1) 健康の定義

子どもの保育や幼児教育にかかわる誰もが、子どもが健康であってほしいと考えている。そして、保育内容「健康」のめざすものは、子どもの健康の実現、つまり、「健康な心と体を育て、自ら健康で安全な生活を作り出す力を養う」ことである。「健康」は世間一般でも日常的によく用いられている耳慣れた言葉であるが、まず一般的な意味で健康であるとはどういうことかを確認しておこう。

世界保健機関（WHO：World Health Organization）は、医療のみならず幅広い分野で人々の健全で安心・安全な生活を確保するための取り組みを行っている組織であるが、その憲章前文のなかで「健康」について、次のように定義している。

> Health is a state of complete physical, mental and social well-being and not merely the absence of disease or infirmity.

（健康とは、病気ではないとか、弱っていないということではなく、肉体的にも、精神的にも、そして社会的にも、すべてが満たされた状態にあることをいう。）

(日本WHO協会訳)[1]

(2) 健康の定義が意味すること

　前述の定義では、単に病気にかからない・かかりにくいといった肉体的な側面ばかりでなく、精神的な側面や社会的な側面にまで言及しており、幅広く健康がとらえられている。つまり、精神的に安定し（不安や緊張がなく）、意欲的な状態であること、他者とのかかわりのなかで協力したり自らの役割を果たしたりしながら、社会生活を営んでいくことができることも健康の重要な側面であるとされている。「健康」という言葉のなかには、身体のみならず心の健康という意味が含まれており、「心身の健康」をさすことは自明の理である。このような健康に関する幅広い解釈は重要であり、特に保育や幼児教育との関連で健康を考えるうえで大切になってくる。

　ところで、先天的あるいは後天的要因により心身に障害がある場合は、どのように考えればよいだろうか。前述の要件をすべて満たしていない場合、健康ではないのであろうか。しかし、たとえば車椅子を必要とする肢体不自由者の場合、車椅子を用いて一人で自由に行動できる施設設備が整い、周囲の人々が協力的で理解があり何ひとつ不自由なく暮らせる環境があり、（たとえばパラリンピック選手のように）その人自身も意欲的にいきいきと生活できているときには、十分健康な状態であるといえよう。反対に、視覚障害者用点字ブロックが整備され、移動の自由が保障されていたとしても、そのうえに自転車が駐輪されていたり、障害のある人々に対して誰も介助や補助をしようとしない社会に暮らす場合、そしてその人が意欲や希望がもてないような状況にある場合、社会的に健康な状態とはいえないだろう。つまり、健康は、心身の状態はもちろん、社会構造やライフスタイル、人生の価値観など、さまざまな要因に影響を受けると考えられる。

2 ── 幼児の心身の健康

(1) 幼児の健康を考えるうえで大切なこと

　成人の場合、現在の健康状態をもち続け、現在より高いレベルの健康を得ようとする「健康の維持・増進」が重要である。子どもの場合も同様に健康の維持・増進は大切だが、絶えず身体が成長しているため、特に重要なのは健康の増進である。

幼児は個人差や生得的な条件に左右されながら日々発育・発達している。ここで忘れてはならないのは、幼児は無菌室ではなく、病原体（細菌やウィルス、カビ等）が存在する環境で育つことで、各種感染症の罹患（りかん）を繰り返しながら免疫力を高め、より高いレベルの健康を獲得していくことである。また、健康を支える運動能力にしても、日常生活における遊びや運動時に生じる数々の小さなけがの体験を経て、より向上していくのである。つまり、幼児の健康は病気やけがを繰り返し、さらに社会的能力の成長に必要な集団生活における諸問題を乗り越えていくことで、より高いレベルの健康を獲得できるのである。

(2) 幼児の健康と生活習慣

幼児期は運動・食事（栄養）・睡眠（休養）・衛生の習慣など生命を維持するために必要な生活習慣の基礎が確立される時期である。そのため、日常生活のなかで体を動かす習慣を定着させ、それと並行して、合理的な食事と生体リズムに合った十分な睡眠、うがいや手洗いなど衛生の習慣を身につけることが重要である。子どもの場合、それらの習慣を子ども自身で獲得していくことは難しい。身近なおとながそれらの習慣の獲得の手助けをする必要があり、おとなが適切にかかわることによって、幼児の健康は日々維持・増進されていくのである。また、なにげなく生活するおとなの生活習慣が子どもに反映することを忘れてはならない。

第2節 ● 幼児の健康を取り巻く諸問題

1 —— 幼児の健康と環境

子どもの生活の場であり、成育環境でもある家庭や地域社会に目を向けると、少子化や核家族化などの家族形態の変化、地域生活や自然環境の変化、国際化や情報化の進展、仮想現実の日常化など急激な変化がみられる。

(1) 子どものロコモティブシンドローム予備群

これら社会環境や生活様式の変化は、子どもの遊ぶ場所、遊ぶ仲間、遊ぶ時間の減少を引き起こし、そして、交通事故や犯罪への懸念なども相まって体を動かして遊ぶ機会は大きく減少している。その結果、骨や筋肉などの運

動器に問題がある子どもが増加しており、それらの子どもはロコモティブシンドローム※1予備群とも呼ばれる。2014（平成26）年4月学校保健安全法施行規則の一部を改正する省令2)では、健康診断時に「四肢の状態」が必須項目に加えられ、四肢の形態および発育並びに運動器の機能の状態に注意することが規定された。

(2) 環境汚染の被害者は子ども

地球規模では地震などの天災・天変地異のみならず、温暖化やオゾンホール、環境ホルモンやPM2.5※2の問題など、人為的な環境破壊や汚染に起因する現象が出現してきている。日本における環境汚染物質による事件を振り返ると、イタイイタイ病（1950年代）、胎児水俣病（1957（昭和32）年）、四日市ぜんそく（1960年代）、サリドマイド（1960年代）、カネミ油症（1968（昭和43）年）、ダイオキシン・内分泌かく乱物質（1990年代）などがあり、それらの主な被害者は胎児や子どもである。

環境化学物質による一番の被害者がなぜ胎児や子どもになるかというと、胎児は器官形成の臨界期にあり脆弱であることが原因にあげられ、子どもにおいては化学物質を解毒し排泄する能力が低いこと、皮膚のバリア（障壁）が未熟かつおとなよりも相対的に体表面積が大きく、有害物質の摂取量が多くなること、脳中に必要な物質のみを取り込むためのバリアである血液脳関門が生後6か月まで不完全であることなど生体防御機構の未熟さが考えられる。

(3) 環境汚染に対する日本の取り組み──エコチル調査開始──

2009（平成21）年主要8か国首脳会議（G8：サミット）環境大臣会合で、日本では児童の免疫系疾患（ぜんそく等）、先天異常（ダウン症、水頭症等）、生殖異常などが急激に増えていることが報告された。その要因として環境中の化学物質の増加があげられ、大規模な疫学調査を各国が協力して実施することが提案された。そして、わが国では、環境省が「胎児期から小児期にかけての化学物質ばく露は身体発達、先天異常、精神神経発達障害、免疫系・代謝・内分泌系の異常などに影響を与えているのではないか」という仮説を検証するため、2011（平成23）年から10万組の子どもたちとその親を対象とした「子どもの健康と環境に関する全国調査（エコチル調査：「エコロジー」と「チルドレン」を組み合わせた造語）」を開始した。子どもが母親の体内にいるときから13歳になるまで定期的に健康状態を確認し、環境要因が子どもたちの発育・発達にどのような影響を与えるのかを明らかにする大規模な疫学調査である。

※1 子どものロコモティブシンドローム
ロコモティブシンドローム（locomotive syndrome）とは、運動器の障害により要介護や要介護リスクの高い状態のことである。略して、ロコモという。日本整形外科学会が2007（平成19）年に提唱した。もともとは高齢者を対象とした概念であるが、外遊び・運動不足を原因として子どもにもロコモ予備群が存在するといわれている。

※2 PM2.5
PM2.5とは、直径2.5μm（マイクロメートル）以下の微粒子状物質のことである。

この調査では、化学物質のばく露以外の要因である遺伝要因、社会要因、生活習慣要因などについてもあわせて検討を行っており[3]、日本の子育て環境を考えるうえで、非常に有益で重要な情報をもたらすものと思われる。

2 ── 低出生体重児の増加

(1) 低出生体重児（出生時体重2,500g未満）とは

母子保健法で「未熟児とは、身体の発育が未熟のまま出生した乳児であつて、正常児が出生時に有する諸機能を得るに至るまでのものをいう」とされており、WHOは出生体重2,500g未満を未熟児としていたが、現在では低出生体重児と呼んでいる[4]。また、体重が2,500g未満の乳児が出生したときは、保護者はその旨を市町村に届け出ることになっている（母子保健法第18条）。

(2) 低出生体重児の現状

1980（昭和55）年に4.6％だった低出生体重児の割合は、1990（平成2）年に5.6％、2000（平成12）年に7.4％、2009（平成21）年に8.3％と増加の一途をたどっている（表1−1）。他の先進国では女性の体格向上に伴って出生体重が増えているが、日本では1980年をピークに減少に転じるなど特異的である。

低出生体重児には、短い在胎週数で出生する早産による場合と、子宮内での胎児の体重増加が十分でない子宮内発育制限による場合がある。子宮内発育制限は胎児自身の要因（先天性心疾患、染色体異常等）や、妊婦側の要因（妊娠高血圧症候群、極端な「やせ」、喫煙や飲酒等）、胎盤および臍帯の異常で起こると考えられている。

表1−1　出生時平均体重および低出生体重児数の推移

年	平均体重(kg)	総数	割合（％）		
			2.5kg未満	1.5kg未満	1.0kg未満
1980	3.20	1,557,694	4.6	0.3	0.1
1985	3.17	1,413,629	4.9	0.4	0.1
1990	3.13	1,204,855	5.6	0.4	0.2
1995	3.08	1,166,596	6.5	0.5	0.2
2000	3.05	1,204,855	7.4	0.5	0.2
2005	3.03	1,038,400	8.1	0.6	0.2
2009	3.02	1,049,141	8.3	0.6	0.2

出所：厚生労働省「平成22年度『出生に関する統計』の概況　人口動態統計特殊報告」[5]より、筆者作成

(3) 低出生体重児の問題点

　低出生体重児は運動障害や知的障害などの合併症のリスクが高いが、近年、「受精時、体芽期、胎児期、または乳幼児期に低栄養または過栄養の環境にばく露されると、生活習慣病の素因が形成され、その後の生活習慣の負荷により生活習慣病が発症する」という新しい生活習慣病の発症説との関連が問題になっている。母親がやせた状態で妊娠した場合や、体重増加の抑制などによる栄養摂取量の不足あるいは妊娠高血圧症候群などにより胎児が低栄養状態になる場合は、その危険性が高まるため、妊婦への積極的な指導が求められる[6]。

第3節 ● 新しい時代に向けた幼児教育と領域「健康」

1 ── 幼児教育の活動全体において育みたい資質・能力

　2017（平成29）年に幼稚園教育要領、保育所保育指針、及び幼保連携型認定こども園教育・保育要領（以下、3法令とする）が改訂（改定）された。この改訂（改定）では、保育所も幼児教育施設であることが示され、3法令の内容の共通化がいっそう進められた。つまり、幼稚園・保育所・幼保連携型認定こども園のどの施設でも同じ考え方による幼児教育が受けられることを保障するものとなっている。

　この改訂（改定）では、幼児期から小学校・中学校・高等学校までの教育全体を見通した教育の目標との関連から、幼児教育の活動全体において育みたい資質・能力と「幼児期の終わりまでに育ってほしい姿」が3法令ともに設定された。そこには「知識及び技能の基礎」、「思考力、判断力、表現力等の基礎」、「学びに向かう力、人間性等」という資質・能力の3つの柱を土台として、5歳児修了時までに育ってほしい具体的な10の姿（図1－1）が示されている。この3つの柱と10の姿は決して新たな考え方ではなく、これまでも求められてきたことであり、5領域（健康、人間関係、環境、言葉、表現）のねらいのなかに反映されている。

　「幼児期の終わりまでに育ってほしい姿」では、まず初めに「健康な心と体」があげられており、この姿は領域「健康」の内容を要約したものとなっている。この10の姿に序列はないが、真っ先にあげられている理由は、子どもの遊びや生活が充実するためには、まず心身の健康が保たれていなければ

第Ⅰ部　理論編―保育における領域「健康」の理解―

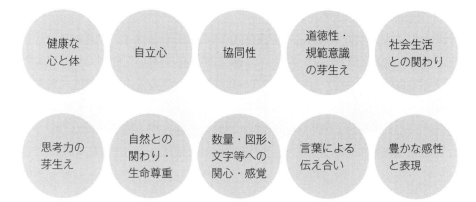

図1-1　幼児期の終わりまでに育ってほしい姿の整理イメージ
出所：文部科学省『幼児教育部会における審議の取りまとめ』（平成28年8月26日）

ならないからであると考えられる。「健康な心と体」については、「幼稚園（または保育所、幼保連携型認定こども園）の生活の中で、充実感をもって自分のやりたいことに向かって心と体を十分に働かせ、見通しをもって行動し、自ら健康で安全な生活をつくり出すようになる」と説明されている。つまり、心の安定によって体を十分に動かして遊ぶことができるという心身の密接な関係を大切にし、子ども自身が周囲の状況や次の活動を意識して行動できるようになることを目指しているのである。

2 ── 小学校教育との連携

　2005（平成17）年1月の中央教育審議会答申「子どもを取り巻く環境の変化を踏まえた今後の幼児教育の在り方について」では、自制心や規範意識の希薄化、コミュニケーション能力の不足、小学校生活への適応困難などさまざまな課題が指摘された。健康にかかわる課題としては、学校生活を送るために必要な生活習慣が身についていないことと運動技能の獲得不足があげられている。小学校の教師からは、具体的な子どもの姿として、身のまわりの整理整頓ができない、靴や衣服のひもが結べない、自分で排泄の始末ができないなどが指摘されている。また、運動技能については、マット運動で前転をしようとするが体を丸くすることができない、ボールを扱う能力が非常に低いなど、体育の授業において行われる運動の基礎となる能力が身についていないことが指摘されている。

　3法令では、小学校教育への円滑な接続を図るために、小学校の教師との意見交換や合同の研究の機会などを設け、「幼児期の終わりまでに育ってほし

い姿」を共有するなど連携を図る必要があることが述べられている。保育者と小学校教師による直接の対話の中で生活習慣や運動技能についての子どもの姿を共有し、具体的なカリキュラムの接続のあり方を検討するなど、これまでよりも一歩進んだ行動が必要である。

第4節 ● 幼稚園教育要領における「健康」とは

　幼稚園教育要領では、保育のねらいと内容を考える視点を整理するために、5つの領域を編成している。5領域のなかの1つである「健康」は心身の健康に関する領域であり、「健康な心と体を育て、自ら健康で安全な生活をつくり出す力を養う」ことを目指している。ここには2つの意味があり、1つは、さまざまな活動を通して幼児の健康な心と体を育てること、もう1つは、幼児自身が健康で安全な生活を営む力を身につけられるように指導することである。

1 ── 領域「健康」のねらい及び内容

　幼稚園教育要領には、各領域において、幼稚園修了までに育つことが期待される心情、意欲、態度としての「ねらい」と、ねらいを達成するために指導する事項である「内容」が示されている。領域「健康」のねらいは、次の通りである。

1　ねらい
（1）明るく伸び伸びと行動し、充実感を味わう。
（2）自分の体を十分に動かし、進んで運動しようとする。
（3）健康、安全な生活に必要な習慣や態度を身に付け、見通しをもって行動する。

　心身ともに健康であるためには、教師との信頼関係のもとで、幼児が安心して生活できる環境が不可欠である。そのなかで、幼児は他の幼児と触れ合いながら、自分のやりたいことに存分に取り組み、充実感や満足感を得ていく。健やかな心をもち、適切な生活習慣を身につけ、体を十分に動かして遊ぶことが、生涯にわたって健康な生活を送るために重要なのである。このねらいを達成するために、教師が行うべき指導や環境の構成の視点となるのが内容である。幼稚園教育要領では、以下の内容が示されている。

> 2　内容
> （1）先生や友達と触れ合い、安定感をもって行動する。
> （2）いろいろな遊びの中で十分に体を動かす。
> （3）進んで戸外で遊ぶ。
> （4）様々な活動に親しみ、楽しんで取り組む。
> （5）先生や友達と食べることを楽しみ、食べ物への興味や関心をもつ。
> （6）健康な生活のリズムを身に付ける。
> （7）身の回りを清潔にし、衣服の着脱、食事、排泄（せつ）などの生活に必要な活動を自分でする。
> （8）幼稚園における生活の仕方を知り、自分たちで生活の場を整えながら見通しをもって行動する。
> （9）自分の健康に関心をもち、病気の予防などに必要な活動を進んで行う。
> （10）危険な場所、危険な遊び方、災害時などの行動の仕方が分かり、安全に気を付けて行動する。

　幼稚園教育では、特定の領域と特定の活動とを結びつけて取り扱うことはしない。たとえば、園庭でドッジボールを行う子どもの姿があるとする。これは、ボールを用いた遊びのなかで十分に体を動かす経験であると同時に、友だちと一緒に活動する楽しさを味わったり、ルールの大切さや友だちのよさに気づいたりするなど、特定の領域に限定されないさまざまな経験の機会となっている。一方で、十分に体を動かすことは、たとえば、園庭の築山に川をつくろうとして何度もバケツで水を運ぶ活動や、音楽に合わせて体を動かしながら自分なりの表現を行う活動でも経験することができる。教師は、さまざまな活動を行う子どもの姿に寄り添い、発達に必要な経験を総合的に指導しなければならない。

2 ── 領域「健康」の内容の取扱い

　幼稚園教育要領では、指導上、特に留意すべきことが各領域の「内容の取扱い」として示されている。2005（平成17）年1月の中央教育審議会答申のなかで、運動能力の低下、食生活の乱れ、基本的な生活習慣の欠如といった子どもの育ちの変化が指摘された。領域「健康」の内容の取扱いにおいて、「十分に体を動かす気持ちよさを体験し、自ら体を動かそうとする意欲が育つようにすること」、「多様な動きを経験する中で、体の動きを調整するようにすること」と示されている背景には、子どもの体力・運動能力低下の現状がある。2012（平成24）年に策定された幼児期運動指針では、多様な動きを経験できるようにすること、毎日合計60分以上楽しく体を動かすこと、発達

第1章●領域「健康」のとらえ方と目指すもの

の特性に応じた遊びを提供することの重要性が指摘されている※3。生涯にわたって健康を維持し、豊かな人生を送るための基礎となる幼児期の運動習慣の形成は、非常に重要である。また、日常的に運動量が不足している幼児が少なくない現状においては、幼稚園生活で十分な運動量を確保することが望まれる。友だちと一緒に取り組むことや競い合うことのおもしろさ、できるようになることの喜びを味わうことにより、運動の楽しさを感じられるような環境の構成や指導の工夫が大切である。その工夫とは、決して特別な環境の構成や運動指導の方法ではなく、教師が幼児とともに真剣に遊ぶなかで体を動かす楽しさを身をもって伝えたり、さまざまな援助を試みて、わずかな上達をともに喜んだりすることである。

※3 第4章第2節（p.71）を参照。

食生活に関する記述は、2008（平成20）年の改訂で新たにつけ加えられた事項である。食は運動、休養と並んで健康を支える重要なものであるが、食文化を含む社会環境の変化により、食事をとる環境や食事の内容など、幼児の食生活にもさまざまな問題が生じている。領域「健康」の内容の取扱いには、幼児期からの望ましい食習慣の形成や、進んで食べようとする気持ちの育成について記載されている。

家庭の教育力が低下しているといわれるなかで、食以外の生活習慣についても、幼稚園教育において重点的に配慮すべき事柄となっている。生活習慣の獲得には、幼児それぞれの家庭での経験が大きく影響していることから、教師は家庭との連携を十分にとりながら指導していかなければならない。

第5節 ● 保育所保育指針における「健康」とは

保育所保育指針第1章の1（1）では、保育所の役割について、「養護及び教育を一体的に行うことを特性としている」と示している。2017（平成29）年の改定により、「養護に関する基本的事項」は第1章の総則に記載されることになり、養護の重要性がより強調された。保育士は保育を展開するうえで、総則に示された養護にかかわるねらい及び内容と、第2章で記載されている教育にかかわる側面、すなわち5領域のねらい及び内容の両方の視点を持つことが必要である。

1 ── 養護に関わるねらい及び内容

保育所保育指針における「養護に関わるねらい及び内容」は、「生命の保持」と「情緒の安定」から構成されているが、それぞれのねらいを以下に示す。

養護に関わるねらい及び内容
ア　生命の保持
　（ア）ねらい
　　① 一人一人の子どもが、快適に生活できるようにする。
　　② 一人一人の子どもが、健康で安全に過ごせるようにする。
　　③ 一人一人の子どもの生理的欲求が、十分に満たされるようにする。
　　④ 一人一人の子どもの健康増進が、積極的に図られるようにする。
　（イ）内容　　…（省略）…
イ　情緒の安定
　（ア）ねらい
　　① 一人一人の子どもが、安定感を持って過ごせるようにする。
　　② 一人一人の子どもが、自分の気持ちを安心して表すことができるようにする。
　　③ 一人一人の子どもが、周囲から主体として受け止められ、主体として育ち、自分を肯定する気持ちが育まれていくようにする。
　　④ 一人一人の子どもがくつろいで共に過ごし、心身の疲れが癒されるようにする。
　（イ）内容　　…（省略）…

これらは、保育所が乳幼児にとって安心して過ごせる生活の場となるために必要なことである。保育所における教育は、これらの視点による養護が基盤となって展開されるものであり、生活においても遊びにおいても、養護と教育の両方の視点が定められている。

「養護に関わるねらい及び内容」は、領域「健康」のねらい及び内容と密接に結びついていることから、保育士はそれぞれの視点を関連させながら援助を行う必要がある。

2 ── 領域「健康」に関わるねらい及び内容、内容の取扱い

2017（平成29）年の改定で3法令の記述内容の整合性が図られたため、保育所保育指針における「3歳以上児の保育に関するねらい及び内容」の記述は、幼稚園教育要領の各領域と同じである。また、これまではごく一部のみの簡潔な記載であった配慮事項が、幼稚園教育要領と同様に内容の取扱いと

第1章●領域「健康」のとらえ方と目指すもの

して記載されている。保育士は、これらの細かな配慮事項や活動の目標を理解し、一人一人の子どもに応じた環境や援助を提供する必要がある。

0歳児の保育及び1、2歳児の保育の充実に向けて、「乳児保育に関わるねらい及び内容」、「1歳以上3歳未満児の保育に関わるねらい及び内容」がそれぞれ記載されている。0歳児の保育内容は、5領域ではなく、大きく3つの視点からねらい及び内容が示されている（図1-2）。そのうちの「健やかに伸び伸びと育つ」という視点は、領域「健康」とほぼ重なるものである。「乳児保育に関わるねらい及び内容」の「健やかに伸び伸びと育つ」では、以下のように記述されている。

ア 健やかに伸び伸びと育つ
　健康な心と体を育て、自ら健康で安全な生活をつくり出す力の基盤を培う。
（ア）ねらい
① 身体感覚が育ち、快適な環境に心地よさを感じる。
② 伸び伸びと体を動かし、はう、歩くなどの運動をしようとする。
③ 食事、睡眠等の生活のリズムの感覚が芽生える。
（イ）内容
① 保育士等の愛情豊かな受容の下で、生理的・心理的欲求を満たし、心地よく生活をする。
② 一人一人の発育に応じて、はう、立つ、歩くなど、十分に体を動かす。
③ 個人差に応じて授乳を行い、離乳を進めていく中で、様々な食品に少しずつ慣れ、食べることを楽しむ。
④ 一人一人の生活のリズムに応じて、安全な環境の下で十分に午睡をする。
⑤ おむつ交換や衣服の着脱などを通じて、清潔になることの心地よさを感じる。

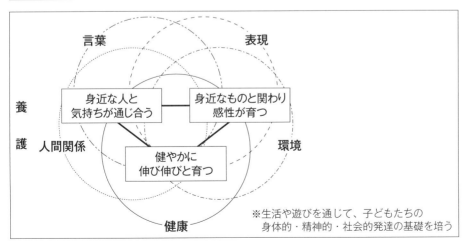

図1-2　0歳児の保育内容の記載のイメージ
出所：厚生労働省『保育所保育指針の改定に関する議論のとりまとめ』（平成28年12月21日）

内容の取扱いでは、心と体が相互に関係していることを踏まえた発達の促進や、自ら体を動かそうとする意欲の育成、食べる喜びや楽しさの経験など、「3歳以上児の保育に関するねらい及び内容」や10の姿につながる内容が示されている。「1歳以上3歳未満児の保育に関わるねらい及び内容」では5領域による記述となっているが、ねらいは、「①明るく伸び伸びと生活し、自分から体を動かすことを楽しむ。②自分の体を十分に動かし、様々な動きをしようとする。③健康、安全な生活に必要な習慣に気付き、自分でしてみようとする気持ちが育つ」となっており、発達に即した目標が設定されている。

第6節 ● 幼保連携型認定こども園教育・保育要領における領域「健康」とは

　現在進められている子ども・子育て支援新制度では、質の高い幼児教育・保育の提供や、待機児童の解消、核家族化等による子育て力の低下への対応など、保育を取り巻く課題の解決に向けてさまざまな取り組みがなされている。2014（平成26）年に策定された幼保連携型認定こども園教育・保育要領も、2017（平成29）年に、幼稚園教育要領・保育所保育指針と同時に改訂された。この改訂では、幼稚園教育要領・保育所保育指針との整合性がより一層図られたため、幼保連携型認定こども園教育・保育要領における領域「健康」のねらい及び内容は、幼稚園教育要領・保育所保育指針と基本的に同じである。すなわち、幼児教育において育みたい資質・能力の整理、「幼児期の終わりまでに育ってほしい姿」の明確化が反映されているとともに、保育所保育指針と同様に、乳児・1歳以上3歳未満児の保育に関する記載の充実や幼児教育の積極的位置づけなどがなされている。

●学びの確認
①WHOの「健康」の定義が意味することを考えてみよう。
②幼児の健康を取り巻く諸問題についてまとめてみよう。
③幼稚園教育要領および保育所保育指針における「健康」をまとめてみよう。
●発展的な学びへ
①幼児の健康に関する問題について詳細に調べ、問題の解決策を具体的に考えてみよう。
②健康に関する事柄について、幼稚園・保育所と小学校がよりスムーズに連携するための方策について考えてみよう。

引用文献

1）日本WHO協会：健康の定義について
http://www.japan-who.or.jp/commodity/kenko.html
2）文部科学省「学校保健安全法施行規則の一部改正等について（通知）」2014年
http://www.mext.go.jp/b_menu/hakusho/nc/1347724.htm
3）小児環境保健疫学調査に関する検討会「小児環境保健疫学調査に関する検討会報告書」2008年　http://www.env.go.jp/chemi/report/h20-02.pdf
4）佐藤拓代『低出生体重児保健指導マニュアル〜小さく生まれた赤ちゃんの地域支援〜』2012年　大阪府立母子保健総合医療センター企画調査部　厚生労働省
5）厚生労働省「平成22年度『出生に関する統計』の概況　人口動態統計特殊報告」
http://www.mhlw.go.jp/toukei/saikin/hw/jinkou/tokusyu/syussyo06/index.html
6）福岡秀興「新しい成人病（生活習慣病）の発症概念―成人病胎児期発症説―」『京都府立医科大学雑誌』第118巻第8号　2009年　pp.501−514

参考文献

中央教育審議会答申（抄）「子どもを取り巻く環境の変化を踏まえた今後の幼児教育の在り方について―子どもの最善の利益のために幼児教育を考える―」2005年
http://www.mext.go.jp/b_menu/shingi/chukyo/chukyo3/004/siryo/attach/1298452.htm
NHKクローズアップ現代「子どもの体に異変あり〜広がる"ロコモティブシンドローム"予備軍〜」2014年4月23日放送（NHK ONLINE）
http://www.nhk.or.jp/gendai/kiroku/detail02_3489_all.html
エコチルワーキンググループ・環境省「子どもの健康と環境に関する全国調査（エコチル調査）仮説集」2010年
http://www.env.go.jp/chemi/ceh/outline/data/h22_3_kasetsushu.pdf
環境省・小児の環境保健に関する懇談会「小児の環境保健に関する懇談会報告書」2006年
http://www.env.go.jp/chemi/report/h18-04/main.pdf
環境省・小児の環境保健に関する懇談会「小児の脆弱性の要因　別添資料1」2006年
http://www.env.go.jp/chemi/report/h18-04/mats.pdf
柏女霊峰他編『事例でわかる！　保育所保育指針・幼稚園教育要領―保育実践への具体的な活かし方―』第一法規　2009年
河邉貴子編『演習　保育内容　健康』建帛社　2008年

厚生労働省「保育所保育指針」2017年
国立教育政策研究所教育課程研究センター『幼児期から児童期への教育』ひかりのくに 2009年
全国社会福祉協議会『新保育所保育指針を読む―解説・資料・実践』2008年
無藤隆・汐見稔幸・砂上史子『ここがポイント！ 3法令ガイドブック―新しい「幼稚園教育要領」「保育所保育指針」「幼保連携型認定こども園教育・保育要領」の理解のために』2017年
文部科学省「幼稚園教育要領」2017年
内閣府「幼保連携型認定こども園教育・保育要領」2017年

第1章 ●領域「健康」のとらえ方と目指すもの

●○● コラム1 ●○●

諸外国の幼児教育における「健康」

　日本の幼稚園教育要領や保育所保育指針における保育のねらいは、幼児期に育つことが期待される心情、意欲、態度であって、具体的な能力の獲得を目的としない。つまり、「この能力を身につけるためにこの活動を行う」という考え方はしていない。では、外国の幼児教育の考え方はどのようになっているのだろうか。

　オーストラリアでは、政府によって就学前教育の基準が示されている。そのなかで、健康の維持・増進に関係する事柄として、全身の運動や手先などの微細な運動の能力を養うことが保育者に求められている。一方、アメリカには国としての統一基準はなく＊、州ごとに多様な基準が設定されているが、多くの州で走る、跳ぶ、投げる、服を着るなど、具体的な行動が身体的発達や健康増進にかかわる項目のなかに示されている。つまり、オーストラリアやアメリカにおいては、能力の獲得に関する事柄も保育の内容として明確に位置づけられている。

　日本でも、幼児教育現場において、あることができるようになるための活動は日常的に行われている。しかし、これは、子ども自身の興味・意欲から始まった活動に対して保育者が援助した結果であったり、意欲をもって物事に取り組む子どもを育てるために保育者が働きかけた結果であったりする。つまり、能力を身につけさせることが目的になっているのではなく、保育者のかかわりの結果、能力が身についたということである。幼児期の教育において能力の獲得という視点は重要であるが、保育者はそのことが第一目的とならないよう、大きな視点をもつことが大切である。

＊国家レベルでの指針はないものの、全米乳幼児教育協会（NAEYC）が出版している"*Developmentally Appropriate Practice in Early Childhood Programs (DAP)*"は、アメリカ内外の乳幼児教育に多大な影響を与えている。

参考文献

The Australian Government Department of Education, Employment and Workplace Relations, *The Early Years Learning Framework for Australia,* 2009.
The Ohio Government Department of Education, *Early Learning and Development Standards*.
　http://education.ohio.gov/Topics/Early-Learning/Early-Learning-Content-Standards
Illinois state board of education, *Illinois Early Learning and Development Standards*, 2013.

第2章 幼児の発育・発達

◆キーポイント◆

幼児期は、人生のなかでも心身の発育・発達が最も著しく、人間形成の基礎を培う重要な時期である。したがって、保育者の役割の一つに、一人一人の子どもの調和的な発育・発達を図ることがあげられる。この役割を円滑に進めるためには、乳幼児の発育・発達の理解がとても大切になる。本章では、からだ、こころ、社会性、脳に関する発育・発達の特徴を述べる。養護と教育の両面から発育・発達を学ぶ必要がある保育者に求められる専門性を念頭に、各領域に対する理解を深めよう。また、各領域を個々に理解するだけではなく、各領域の相互的な関連性や発育・発達には個人差が生じることにも着目しよう。

第1節 ● 発育・発達とは

1 ── 発育・発達の概念

発育と発達の概念は、一般的に区別されている。発育は、身長、体重、身体の一部など形態面の量的変化を意味し、発達は、心身の機能面の質的変化を意味する。

2 ── 発育・発達の特徴

図2－1は、スキャモン（Scammon, R. E.）の発育・発達曲線である。身体の発育・発達を4つの型に分類し、20歳のときを100として、それぞれの発達パターンの各年齢の値を百分比で示している。「一般型」とは、身長、体重、胸囲、筋肉、呼吸器、消化器、血液量などを示し、「神経型」とは、神経、頭囲、眼球などを示し、「リンパ型」とは、胸腺などのリンパ組織を示し、「生殖型」とは、精巣、卵巣、性器などを示している。この図から、一般型は出生後と思春期頃に、神経型は出生後に、リンパ型は思春期頃までに、生殖型は思春期頃にそれぞれ急激に発育・発達していることがわかる。つまり、各

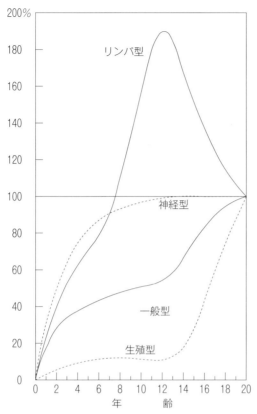

図2-1　スキャモンの発育・発達曲線
出所：ロバート・M・マリーナ／クロード・ブシャール（高石昌弘・小林寛道監訳）『事典　発育・成熟・運動』大修館書店　1995年　p.8

型により発育パターンが異なり、急激に発育・発達する時期とそうでない時期があることを示している。この発育・発達の順序性は遺伝子レベルで規定されており、一定の順序で進む。また、発育・発達は、基本的に「頭部から足部へ」「身体の中心から遠い方向へ」などの方向性がみられる。

第2節 ● からだの発育・発達と健康

1 ── 体格

　新生児の頭部の長さは身長の約25％であり、からだ全体に対する頭部の割合は大きい。ヒトのからだのプロポーションは、新生児は4頭身であり、そ

第Ⅰ部　理論編―保育における領域「健康」の理解―

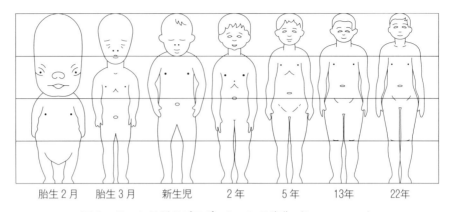

図2-2　からだのプロポーションの変化（Stratz, 1922）
出所：石河利寛編『子どもの発達と体育指導』大修館書店　1978年　p.15

の後、成長とともに5頭身、6頭身、7頭身などへ変化する（図2-2）。また、新生児の頭部、体幹部、上肢、下肢の各サイズを1とすると、成人の体格は頭部が約2倍、体幹部が約3倍、上肢が約4倍、下肢が約5倍になる。出生時に未熟な部位ほど、出生後はよく発育することがうかがわれる。

表2-1に、乳幼児の身長・体重・胸囲の年齢別平均値を示した。いずれの平均値も男児が女児をやや上回っている。乳幼児のからだの発育は急速であり、出生後1年間の発育量が最も著しい。

(1)　身長

出生時の身長は約50cmであり、出生後1年間に約24cmの伸びがみられる。1歳頃では出生時の約1.5倍の身長になり、この時期が成長過程で最も発育量が多い時期である。2歳以降は緩やかな発育傾向を示す。

(2)　体重

出生時の体重は約3kgであり、体重も身長と同じく、出生後1年間の発育量が大きい。1歳頃では、出生時の約3倍の体重になる。1歳以降の伸びは緩やかである。

(3)　胸囲

出生時の胸囲は約32cmであり、頭囲よりも小さい。2歳頃から胸囲と頭囲の大きさは逆転する。胸囲も身長、体重と同じような発育傾向を示す。出生後1年間の発育量が最も大きく、2歳以降の伸びは緩やかになる。

表2−1　身長・体重・胸囲　平成22年の調査結果（平均値）

	男　子			女　子		
	身長 (cm)	体重 (kg)	胸囲 (cm)	身長 (cm)	体重 (kg)	胸囲 (cm)
出生時	48.7	2.98	31.6	48.3	2.91	31.5
0年1〜2月未満	55.5	4.78	37.5	54.5	4.46	36.6
2〜3	59.0	5.83	40.0	57.8	5.42	38.9
3〜4	61.9	6.63	41.8	60.6	6.16	40.5
4〜5	64.3	7.22	42.9	62.9	6.73	41.7
5〜6	66.2	7.67	43.7	64.8	7.17	42.4
6〜7	67.9	8.01	44.2	66.4	7.52	43.0
7〜8	69.3	8.30	44.7	67.9	7.79	43.5
8〜9	70.6	8.53	45.0	69.1	8.01	43.8
9〜10	71.8	8.73	45.4	70.3	8.20	44.1
10〜11	72.9	8.91	45.6	71.3	8.37	44.4
11〜12	73.9	9.09	45.9	72.3	8.54	44.6
1年0〜1月未満	74.9	9.28	46.1	73.3	8.71	44.8
1〜2	75.8	9.46	46.4	74.3	8.89	45.1
2〜3	76.8	9.65	46.6	75.3	9.06	45.3
3〜4	77.8	9.84	46.9	76.3	9.24	45.5
4〜5	78.8	10.03	47.1	77.2	9.42	45.8
5〜6	79.7	10.22	47.3	78.2	9.61	46.0
6〜7	80.6	10.41	47.6	79.2	9.79	46.2
7〜8	81.6	10.61	47.8	80.1	9.98	46.5
8〜9	82.5	10.80	48.0	81.1	10.16	46.7
9〜10	83.4	10.99	48.3	82.0	10.35	46.9
10〜11	84.3	11.18	48.5	82.9	10.54	47.1
11〜12	85.1	11.37	48.7	83.8	10.73	47.3
2年0〜6月未満	86.7	12.03	49.4	85.4	11.39	48.0
6〜12	91.2	13.10	50.4	89.9	12.50	49.0
3年0〜6月未満	95.1	14.10	51.3	93.9	13.59	49.9
6〜12	98.7	15.06	52.2	97.5	14.64	50.8
4年0〜6月未満	102.0	15.99	53.1	100.9	15.65	51.8
6〜12	105.1	16.92	54.1	104.1	16.65	52.9
5年0〜6月未満	108.2	17.88	55.1	107.3	17.64	53.9
6〜12	111.4	18.92	56.0	110.5	18.64	54.8
6年0〜6月未満	114.9	20.05	56.9	113.7	19.66	55.5

出所：厚生労働省「平成22年乳幼児身体発育調査報告書」2011年をもとに作成

2 ── 生理機能

　生理機能には、呼吸・循環機能、腎機能、消化吸収機能などがある。乳児、幼児、成人の主な生理機能の正常値は表2−2の通りである。

(1) 脈拍数（心拍数）

乳幼児の脈拍数は低年齢ほど多いが、成長とともに減少する。乳幼児は1回拍出量が少ないので、その量の少なさを回数で補っている。脈拍数は、安静時と活動時で異なり、運動中や食後、心理的緊張がある場合に高まる。

(2) 呼吸数

乳幼児は新陳代謝が活発であり、酸素摂取量が多いので、呼吸数は低年齢ほど多い。1回の換気量が少ないことも関係している。また、乳児の呼吸は腹式呼吸である。3、4歳頃になると、胸式呼吸が始まり、7、8歳頃からは胸式呼吸が中心となる。

(3) 体温

体温は主に骨格筋の収縮で産生され、体表面から放散される。視床下部にある体温調整中枢が、それらのバランスを保つ働きを担っている。乳幼児は基礎代謝が高いので熱の産生が多く、体温はやや高めである。体温には1日の体温リズムがあり、朝は低く、夕方は高くなる。

(4) 血圧

血圧とは、血液が血管の壁を押す力のことで、心拍出量と血管抵抗によって決まる。心臓の収縮時の血圧を収縮期血圧（最高血圧）といい、拡張時の血圧を拡張期血圧（最低血圧）という。乳幼児の血圧は、成人よりも低い。

(5) 尿量

乳幼児は低年齢なほど体重が少ないので、尿量は成人よりも少ない。また、排尿抑制の働きが未熟なため、おもらしをすることが多い。3歳頃から排尿抑制機能が完成する。

表2−2　主な生理機能の正常値

生理機能	乳児	幼児	成人
脈拍数（毎分）	120〜140	80〜120	60〜80
呼吸数（毎分）	30〜40	20〜30	15〜20
体温（℃）	36.0〜37.4		35.5〜36.9
血圧（最高／最低）(mmHg)	100／60		120／80
尿量（ℓ／日）	0.2〜0.5	0.6〜1.0	1.0〜1.5

出所：新・保育士養成講座編纂委員会編『新・保育士養成講座　子どもの保健』全国社会福祉協議会　2013年　p.44

3 ── 運動機能

運動機能はすべての行動の基盤であり、その発達は子どもの発達診断の指標になり得る。随意的な運動は、主に神経系と骨格・筋系の両者の発達が相まって発現し、環境条件によっても誘発される。随意的な運動は意思をもった動きであり、一種の知的営みや異常がないことのあらわれでもある。

運動は、粗大運動と微細運動に分けられる。粗大運動は、全身を使った大筋群運動である。図2－3の「ひとり歩き」までの発達をみると、「首のすわり」（3～4か月）、「ねがえり」（5～6か月）、「ひとりすわり」（7～8か月）、「はいはい」（8～10か月）、「つかまり立ち」（9～10か月）、「ひとり歩き」（14～15か月）といったように、一定の順序で、徐々に粗大運動ができるようになる。

微細運動は、手指を使った小筋群運動であり、巧緻運動ともいう。微細運動はおおむね、手のひら全体または手全体で把握する（5～6か月）、拇指（親指）と人指し指でつまむ（7～10か月）、積み木を積む（12～18か月）の順序で進み、荒々しい動きから微細で協調的な動きへと発達する。

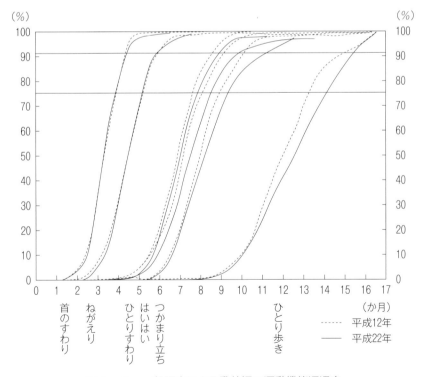

図2－3　一般調査による乳幼児の運動機能通過率
出所：厚生労働省「平成22年乳幼児身体発育調査報告書」2011年

第Ⅰ部　理論編─保育における領域「健康」の理解─

第3節 ● こころの発達と健康

1 ── 情緒の発達

(1) 情緒とは何か

　情緒とは、喜び、怒り、悲しみ、恐れ、不安、満足、憎しみなど、日々の生活のなかで抱く感情のことである。心理学の分野では、情動が用いられることがあるが、ここではわかりやすく「情緒」を用いることにする。なお、文脈によって「感情」も同義語として用いる。

(2) 乳幼児期の情緒の発達

　赤ちゃんは、喜怒哀楽といった感情をもっているのだろうか。ブリッジス（Bridges, K. M. B.）は、「新生児は、単に未分化な興奮状態を示すだけであり、様々な感情は発達に伴って分化してくるものである」としており、長い間、この理論が中心であった。しかし、近年の研究では、新生児がもっと分化した感情をもっていることがわかっている。ルイス（Lewis, M.）によると、誕生時には、すでに満足、興味、苦痛の感情が備わっており、生後1年の間に、喜び、驚き、悲しみ・嫌悪、怒り、恐れといった感情が認められる（図

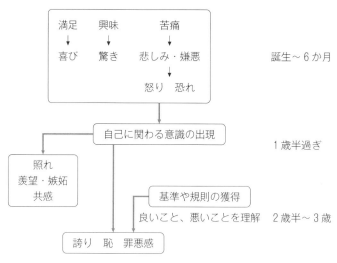

図2-4　生後3年間の情緒発達
出所：Lewis, M. "The Emergence of Human Emotions", Lewis, M., Haviland-Jones, J. M., Barrett, L. F., *Handbook of Emotions* 3rd ed. The Guilford Press, 2010, p.316より改変

2－4）。1歳半頃に自己意識（他人にどう映っているか、何を期待されているかなどを意識する）が芽生えてくると、照れ、共感、羨望・嫉妬の感情があらわれ始め、さらに2歳頃に良いことや悪いことを理解し始め、誇り、恥、罪悪感などの感情も出現してくるという。

　このように、赤ちゃんは情緒の基盤をもって生まれてくるが、情緒は人とのかかわりのなかでより豊かに育まれる。乳児期に、親は赤ちゃんがほほえめばほほえみ返し、泣けば抱いてなだめるといった具合に感情を敏感に察知し、対応する。こうした感情のやり取りにより、赤ちゃんは感情の意味するところを知り、自分の感情をあらわすこと、周囲の人の感情を読むこと、共有することなどに気づいて情緒を育んでいく。幼児期になると、「まっくらで、こわかった」など、拙（つたな）いながらも感情を言葉で表現することができるようになる。そして、自身の感情について他者と会話することで、感情の原因や感情が他者にもたらす影響、感情をコントロールする方法などを学び、情緒を発達させていく。

　健全な情緒発達のためには、いくつか大切な点がある。まず、子どもの心身や育ちに悪影響を及ぼさない形で体験させることである。毎日、不安や恐怖を感じるような生活では、健全な発達は望めないだろう。また、好ましい感情だけ体験すればよいかというとそうではなく、不快な感情を感じることも大切であり、不快な感情のあらわし方や不快な感情への対処法を学ぶうえで必要である。さらに、感情を素直に表現できる環境も大切である。子どもが泣くと「男の子は泣かない」「ぐずぐず言わない」などと言われ、感情を外に出すことを抑えてしまうことがある。こういう状況が続くと、子どもは無表情、無感動になり、感情を外に出さなくなる。押さえつけられた感情は行き場を失い、思春期に不満が表出し、暴力的になる場合もある。怖いときは怖い、嫌なときは嫌、泣きたいときは泣くといったように、子どもが素直に感情表現できる場をおとなは保障する必要がある。

　以上のように、情緒は人と人との間で生じ、育まれ、発達する。子どもにかかわるおとなは、子どものなかに豊かな情緒が生まれるような環境（状況）をつくることが大事ではないだろうか。

(3) 情緒と運動遊び

　運動遊びは、さまざまな感情を誘発する。楽しい、おもしろい、わくわく、どきどき、できた、やった、嬉しいなどの快（好ましい）の感情や、怖い、できない、嫌だ、失敗した、悔しい、けんかしたなど不快（好ましくない）な感情も体験する。好ましい感情は、豊かな表情や表現を生み、安定した情

緒につながる。好ましくない感情は、どうすればよかったか、次はどうしたらよいかという不快な感情を解決する学びのチャンスになる。しかし、うまく対処できないと情緒不安定や運動嫌いにつながるので、保育者は必要に応じて対応するようにしたい。

　また、運動遊びは、運動欲求を満足させて情緒を安定させる。幼児は雨で外に出られない日が続くと、けんかが多くなったり、奇声を発したり、大騒ぎすることがある。体を十分に動かせないことで、心身ともに欲求不満になり、感情の行き場がなくなる。このように、体を動かして遊ぶことは、情緒を安定させることにもつながる。

2 ── パーソナリティの形成

(1) パーソナリティの形成と自己概念（自己評価）

　乳幼児期の子どもにも、活発な子、おとなしい子、臆病な子、物怖じしない子など、そのパーソナリティには個人差がある。パーソナリティの定義は、心理学の分野でも必ずしも一致していないが、ここでは、明るい、活発、まじめ、おとなしい、怒りっぽいといった、その人を特徴づけている個々人の「性格」をパーソナリティとする。

　パーソナリティの形成に影響を及ぼす要因としては、主に遺伝的要因と環境的要因があげられるが、両者が相互に作用し合い、パーソナリティは形成される。パーソナリティの形成においては、「自分が自分自身をどのように評価しているか」という自己概念（自己評価）もかかわっており、この自己概念がその人の行動傾向を決定づけ、パーソナリティを形成する一因にもなる。

(2) 行動傾向と自己概念の形成

　身体が発育し、運動機能や運動能力が発達してくると、できることが増え、自分で○○したいという気持ちも強くなる。そういった幼児が、自分の能力を十分に発揮してのびのびと行動し、能動的に物事にかかわることができるためには何が大事だろうか。それは、自分はできるという有能感やまわりの人に受け入れられているという受容感をもてることである。たとえば、物事をうまく成し遂げることができ、周囲からもほめられると、自分はできるという有能感や認められたという受容感をもつことができる。その結果、のびのびと行動することができるようになり、さまざまなことに積極的に取り組むようになる。一方、物事がうまくできず、周囲からも否定的な評価を受けると、自信を失い、劣等感をもつようになる。その結果、意欲が低下し、物

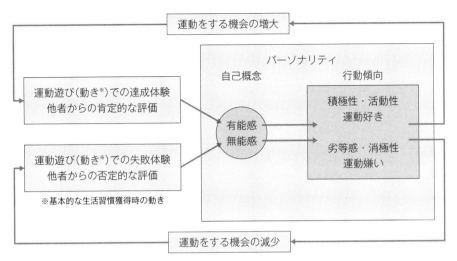

図2-5　運動経験と自己概念およびパーソナリティの関係についての模式図
出所：杉原隆「パーソナリティの発達と運動」近藤充夫編『保育内容　健康』建帛社　1999年　p.54を一部改変

事に消極的になる。このような思考と行動パターンを繰り返していくうちに、前者は自分に対して肯定的な自己概念を、後者は否定的な自己概念を形成するようになる（図2-5）。

　実際には、幼児の自己概念は肯定的であることがわかっており、乳児期や幼児期の早い段階から前述のような過程で自己概念が形成されるわけではない。しかし、幼児期後半から、子どもは保護者や大切な人の意見を認識するようになり、自己概念を形成し始める。実際に自己概念が強く形成されるのは児童期中期以降だが、幼児期から「えらいね」「お姉さんはがまんするのよ」など、保護者やまわりの人からの期待や評価を子どもは受けており、それが児童期以降の自己概念に影響を及ぼす可能性はあるだろう。

(3)　運動と自己概念

　「運動（動き）」は、幼児期における自己概念にとって重要である。おとなは絵がうまい、計算が得意など、さまざまな観点から自己を評価することができるが、幼児にとっては「運動」が生活のなかで占める割合が大きく、運動の巧拙が自己を評価する基準になりやすい。トイレが一人でできる、歯を磨ける、スプーンを使える、走れる、ボールを投げられるなどはすべて、動きにかかわることであり、その出来不出来およびそれに対する周囲の評価がその子どもの自己概念の形成につながる（図2-5）。

　したがって、幼児期の運動指導や基本的生活習慣の指導では、一人一人の子どもが自己肯定感や自分はできるという有能感をもてるように最大限の配

慮が必要である。子どものペースを尊重し、温かく見守り、できたときはほめて認めてやり、できなかったときは励まし、自信を失わせないようにする。また、運動指導では、できるできないをはっきりさせたり、勝ち負けを必要以上に強調したり、順位を競わせたりするような指導方法は、時としてできない子どもの自信をなくさせ、意欲を減退させるので留意しなければならない。

第4節 ● 社会性の発達と健康

1 ── 社会性の発達

　社会性とは、社会生活を営む資質・能力であり、対人関係能力に近い意味である。幼児は成長するにしたがい、親、親以外のおとな、きょうだい、友だちとのかかわりが増え、人間関係を広げていく。生活の範囲も家庭、地域、集団生活の場としての幼稚園・保育所などとなり、その範囲が広がっていく。この広がりのなかで、幼児の特徴である自己中心性といわれる性格から抜け出し、周囲の人や状況に合わせた行動がとれるようになっていく。この過程を社会性の発達というが、この社会性というものは生まれながら備わったものではなく、経験や学習によって育まれるものである。

　金山らは、社会性を支えている社会的スキルは年齢とともに獲得されていくこと、就学前の女児は同時期の男児と比較して社会的スキルが高いことを報告している。特に女児は協調スキル[※1]が高く、幼児期から社会性の性差は明確である。

　幼児期の社会性の発達の内容として、基本的生活習慣の自立や共感性、道徳的な判断力、表現力、協調性、我慢強さといった自制心の習得・向上があげられる。

　基本的生活習慣の自立は、生理的機能の発達と同時に、環境の影響を受ける。今日では、子どもの排泄、食事の仕方、睡眠などの生活習慣の自立の遅れが懸念される。これらは、社会性の発達の観点からみても、重要な事柄である。生活習慣の自立にはおとなたちの支援が必要であるため、おとなは適切な支援について気をつける必要があるだろう。

※1　協調スキル
金山らによれば、社会的スキルを主張、協調、自己統制と分類しており、協調スキルは指示やルールにしたがうといった行動である。

2 ── 社会性の発達と遊びの発達

　遊びは遊ぶこと自体が目的であるが、幼児の成長や発達にとって重要な体験が多く含まれている。遊び方も年齢とともに変化していく。遊びに関する発達段階を見てみることにする。パーテン（Parten, M. B., 1932）は、遊びを次の6つに分類している。

① 何もしていない遊び：遊んでいるとはいえず、興味のあるものをみている
② 一人遊び：一人で遊んでいて、他の子どもと関係がない
③ 傍観的遊び：他の子どもの遊びをみているが、遊びに参加しない
④ 平行遊び：他の子どものそばで同じような遊びをするが、一人で遊ぶ
⑤ 連合遊び：他の子どもと一緒に遊ぶが、相互の関係は薄い
⑥ 協同遊び：一定の組織をもって他の子どもと共同して遊ぶ

　これらの発達段階を保育所保育指針の保育の内容をもとにみてみる。乳児保育の段階では、社会的発達の視点して「身近な人と気持ちが通じ合う」が示されている。「身近な人に親しみをもって接する」ともあるが、具体的には、人に興味を持つ、つまり人の顔をじいっとみたり、声のほうに向いたりする。それに対して声を出して笑ったりするなどの行為を通して、自分の感情を表し、それに相手が温かく受容的・応答的にかかわる中で、人とかかわる力の基盤を培っていくとしている。この段階では、遊んでいるとは見えないものの、興味のあるものを見たり聞いたりしているのである。1歳以上3歳未満児からの内容には、人とのかかわりに関する領域として「人間関係」が示されている。ここでは「他の人々と親しみ、支え合って生活する」とあり、「他の子どもとの関わり方を少しずつ身につける」と書かれている。また、「ごっこ遊びを楽しんだりする」とあるが、この時期は、自己と他者の違いの認識が十分ではないことから、保育者等の仲立ちが必要でもある。他の子どもと

平行遊び（3歳）

協同遊び（5歳）

かかわっているといっても関係は薄く、同じような遊びをしていてもそれぞれで遊んでいる姿がみられる。3歳以上児は基本的な動作ができるようになり、生活習慣もほぼ自立できるようになることから理解する語彙数が増加し、知的興味や関心も高まる。友だちとの関係も薄かった段階から深まっていく中で、一緒に遊んだり、きまりを作って遊ぶ連合遊びが可能となる。さらに、友だちと協力したりもするが、葛藤やつまずきも経験する。その中で、友だちの良さに気づいたり、人に対する思いやりも育つ。また、きまりの大切さに気づき、守ろうともする。そして、集団できまりを工夫したり、協力しながら遊ぶ集団遊びや協同的な活動が可能となる。しかし、これらの発達は子どもだけで発達するのではなく、保育者等の信頼関係に支えられることが基盤になるのである。

このように幼児期の教育の中心として展開される遊びを通して、友だちとの関係が希薄な遊びから集団遊びへと発展するなかで、仲間とかかわりながら共通の目的をもって行動することができるようになっていく。この過程のなかで、子どもたちは人とかかわる力を身につけ、集団への適応ができるようになり、社会性が養われていくのである。

園外で一緒に遊ぶ相手としては母親が多くなっており、園外で友だちと遊ぶ機会は減少している。この背景に在園時間が長くなっていること、住宅の高層化、子どもだけで遊ぶことに安心できない今の環境があると考えられる。日本社会の変化は、保育者個人で解決することは難しい。したがって、保育者は、まずは園内にて子ども同士で遊ぶ機会を十分に保障し、豊かな遊びが展開されるように、遊びの援助者としての役割をしっかり果たすことが必要であろう。

第5節 ● 脳の発育・発達と健康

1 ── 脳の働き

(1) 脳の構造と機能

脳は、終脳、小脳、脳幹（間脳・中脳・橋・延髄）に分けられる。終脳がいわゆる大脳であり、左右の大脳半球は脳梁で連結している。女性の脳梁は男性よりも大きい。大脳は大脳皮質と大脳基底核からなる。さらに大脳皮質は、大脳新皮質と大脳辺縁系からなり、大脳新皮質では高次の脳機能を、大

脳辺縁系の海馬と扁桃体では記憶や情動をつかさどっている。大脳基底核は運動制御、認知機能、動機づけ、強化学習などの役割を担っている。小脳は姿勢や運動を制御しており、脳幹には生命機能の維持に関係する多くの中枢が存在している。

(2) 機能局在

大脳新皮質には多くのしわ（脳回と脳溝）があり、中心溝、外側溝、頭頂後頭溝を境にして、前頭葉、頭頂葉、側頭葉、後頭葉の4つに区分される（図2-6）。また、ブロードマン（Brodmann, K.）は、大脳新皮質の細胞

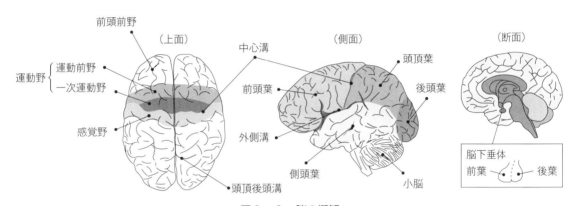

図2-6　脳の概観

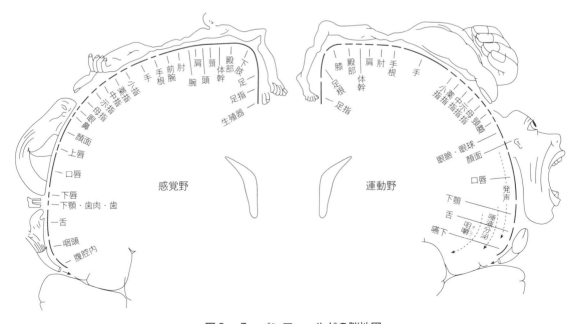

図2-7　ペンフィールドの脳地図

構築の違いから47ないし52の領域に分けた脳地図を作成している。前頭葉には運動野やブローカの言語野、頭頂葉には感覚野、側頭葉には聴覚野やウェルニッケの言語野、後頭葉には視覚野などがあり、部位によってそれぞれ役割が異なる機能局在がみられる。ペンフィールド（Penfield, W.）は運動野と感覚野のさらに細かい機能局在を調べた脳地図を作成している（図2－7）。

(3) ニューロンとグリア

① 役割

脳を構成する主要な細胞は、ニューロンとそれを支持するグリア細胞（アストロサイト、オリゴデンドロサイト、ミクログリア）である（図2－8）。ニューロンは、シナプスにより神経回路を形成して情報伝達を行い、さまざまな脳機能を発現する。アストロサイトは、血液脳関門を形成し、血液中の物質をニューロンに供給する。また、ニューロンの情報伝達を補助して脳機能発現にも関与している。オリゴデンドロサイトは、ニューロンの軸索に巻きついて髄鞘を形成し（髄鞘化）、跳躍伝導による情報処理の高速化を可能にする。ミクログリアは、ニューロンの状態を監視し、死滅したニューロンや異物を除去する。

② 細胞数

成人の脳全体でニューロンの数は約860億個、グリア細胞の数は約850億個であり、ニューロンとグリア細胞の数はほぼ同じである。大脳皮質においては、ニューロンの数は約160億個、グリア細胞の数は約610億個であり、グリア細胞の数が多い。逆に、小脳においてはニューロンの数（約690億個）がグ

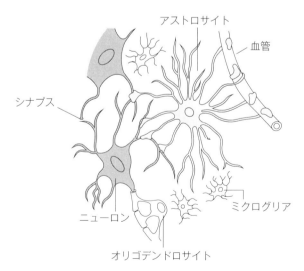

図2－8　ニューロン・グリア細胞・血管の関係

リア細胞の数（約160億個）よりも多い[※2]。

2 ── 脳の発育・発達

(1) 胎生期の脳

受精から3週目頃に神経管が形成されて、7週目頃には大脳の形があらわれる。男児では12〜22週目頃に精巣からのアンドロゲン分泌が増加することから、脳の性分化がこの頃に起こるのではないかといわれている。7か月目頃には脳溝があらわれて、9か月目頃には成人とほぼ同じ脳の形態となる。

(2) 脳重量

受精から16週目頃の脳重量は20〜30gであり、出生時には350〜400gになる。出生後の脳重量の増加は、スキャモンの発育・発達曲線（図2−1）の神経型の通り、乳幼児期に著しく、生後6〜8か月で約2倍、5〜6歳で成人（1,200〜1,400g）の約90％に達する。その後は、20歳頃までゆっくり増加し、男性が女性よりも重くなる。

(3) ニューロンの発生

ニューロンは、胎生中期[※3]までに分裂・増殖を終えて、出生前後までには脳の所定の位置に移動する。移動後は、プログラム細胞死[※4]によりニューロンの半数が死滅し、以後ニューロンは増えない。ただし、記憶に関係する海馬の歯状回と呼ばれる部位では、出生後もニューロンがつくり出されている。

(4) 神経回路形成

① シナプスの形成と刈り込み

胎生中期頃から樹状突起や軸索が伸展してシナプスの形成が始まり、その後「刈り込み」と呼ばれる不要なシナプスの除去が生じ、神経回路が形成される。大脳皮質では、部位によってシナプスの形成・刈り込みの時期が異なり、視覚野では、生後7か月頃、前頭前野と聴覚野では3歳頃にシナプス密度のピークを迎える（図2−9）。

② 髄鞘化

グリア細胞の分裂・増殖は、胎生中期頃から始まり、出生後にピークを迎える。髄鞘化は、シナプス形成した軸索に生じ、神経回路を高速化する。脳幹では、胎生期から髄鞘化が始まるが、大脳皮質では出生前後から始まる。さらに大脳皮質の部位によっても髄鞘化が速い部位（運動野や感覚野では約

※2 細胞数
ニューロンは、脳全体で1,000〜2,000億個、大脳皮質で約140億個、グリア細胞は、その10倍と推定されてきたが、2009年にアゼベド（Azevedo, F. A.）らが数えた本文にある数値が妥当と考えられる。

※3 胎生中期
妊娠週の場合、14週未満が初期、28週未満が中期、28週以降が後期である。

※4 プログラム細胞死
組織形成の際、不要な細胞が自殺すること。指が5本に分かれるのもプログラム細胞死のおかげである。

第Ⅰ部　理論編―保育における領域「健康」の理解―

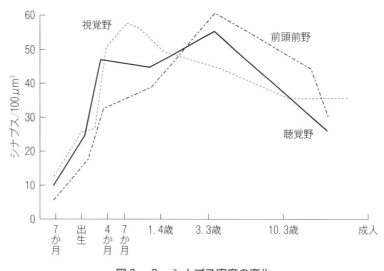

図2－9　シナプス密度の変化
出所：Huttenlocher, P. R., Dabholkar, A. S., "Regional differences in synaptogenesis in human cerebral cortex", *J Comp Neurol*, No.387(2), 1997, p.170を改変

1歳で完成）と遅い部位（連合野では20～30歳頃完成）がある。

(5) 臨界期

　環境や経験によって神経回路が大きな影響を受ける時期を「臨界期」と呼ぶ。新生児の脳は十分に機能しておらず、環境や経験による外部刺激を受けることにより臨界期が始まる。臨界期では、シナプスの刈り込みと髄鞘化による神経回路の完成によって機能を発揮するようになる（図2－10）。すなわち、適切な外部刺激が脳に与えられなければ、正常な機能発達が妨げられる。神経回路が完成した後も、脳はさまざまな外部刺激に対応して神経回路を変化させる可塑性に富んでいるので、脳の発育・発達には適切な刺激（学習や経験）が必要である。

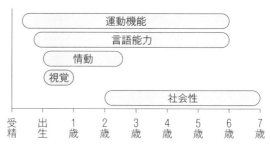

図2－10　発達の臨界期
出所：養老孟司監訳、内山安男他訳『ブレインブック―みえる脳―』南江堂　2012年　p.203

●学びの確認
①発育・発達の特徴とその具体的な例を説明してみよう。
②乳幼児期のこころの発達や社会性の発達の特徴を説明してみよう。
③神経回路の形成と機能発達の関係を説明してみよう。
●発展的な学びへ
①乳幼児の発育・発達の学びから得た知識は保育や教育の場面でどのように活かせるのかまとめてみよう。
②脳の発育・発達に影響を及ぼす要因には何があるか調べてみよう。

引用文献

1) Bridges, K. M. B., "Emotional development in early infancy", *Child Dev*, 3, 1932, pp.324-341
2) Lewis, M., "The Emergence of Human Emotions" Lewis, M., Haviland-Jones, J. M., Barrett, L. F., *Handbook of Emotions* 3rd ed., The Guilford Press, 2010, pp.304-319
3) 岡本夏木・清水御代明・村井潤一監修『発達心理学辞典』ミネルヴァ書房　1995年　p.293
4) Benesse次世代育成研究所『第4回幼児の生活アンケート報告書』Benesse次世代育成研究所　2011年　pp.64-67
5) 金山元春・金山佐喜子・磯部美良・岡村寿代・佐藤正二・佐藤容子「幼児用社会的スキル尺度（保育者評定版）の開発」『カウンセリング研究』第44巻第3号　日本カウンセリング学会　2011年　pp.216-226
6) 井戸ゆかり「社会性の発達」岸井勇雄編『保育内容　健康』同文書院　2006年　p.70
7) 厚生労働省「保育所保育指針」2017年　pp.13-26
8) Azevedo, F. A., Carvalho, L. R., Grinberg, L. T., Farfel, J. M., Ferretti, R. E., Leite, R. E., Jacob Filho, W., Lent, R., Herculano-Houzel, S., "Equal numbers of neuronal and nonneuronal cells make the human brain an isometrically scaled-up primate brain", *J Comp Neurol*, 513, 2009, pp.532-541

参考文献

繁多進監修、向田久美子他編『新乳幼児発達心理学　もっとこどもがわかる好きになる』福村出版　2010年
内田伸子編『よくわかる乳幼児心理学』ミネルヴァ書房　2008年
岩崎洋子編『保育と幼児期の運動あそび』萌文書林　2008年
Harter, S. "The self", *Handbook of child psychology*, vol. 3, 6th. edition, 2006.
谷田貝公昭監修『生活の自立 Hand Book』学習研究社　2009年
久保田競『脳の発達と子どものからだ　改訂増補版』築地書館　1995年

第Ⅰ部　理論編―保育における領域「健康」の理解―

●○●　コラム2　●○●

遊びが育てる豊かな人間性

　自分の意思で体を動かそうとすると、その指令は脳から運動神経細胞へ、運動神経細胞から筋肉へ信号が送られる。この伝達を何度も繰り返すことで、神経回路が形成され、最初はぎこちなかった動きが滑らかになっていく。神経系の発達は10歳頃までに完了してしまい、とりわけ幼児期に発達が著しい。つまり、この時期にたくさんの刺激を与え、多くの動きを経験させることは何より重要であり、言い換えるならばこの時期に刺激を受けないと、運動の苦手な子どもになってしまいやすい。

　では、幼児期にどんなことをすればよいのか。答えは簡単で、ただ楽しく遊ばせればよいのだ。とはいえ、テレビやゲームとにらめっこの遊びではない。たくさんの友だちと、広い場所を目一杯使って、体をたくさん動かせるような遊びをする必要がある。遊びのなかには、幼児期の発達にとても重要な役割を果たす要素がたくさん含まれている。体を動かす機会が得られることはもちろん、友だちと一緒に遊ぶなかでルールを知り、どうすれば仲良く遊べるのかを自分以外の人間の存在を感じながら考える必要も出てくる。そして何より、体を動かすことが楽しいと感じられる遊びにふれることで、体を動かすことが好きになり、大きくなっても積極的に体を動かす機会を自ら得ようとする心を育てることにもつながる。今や世界で活躍するサッカー選手の香川真司氏も、自身のサッカーの原点は、家の近くの公園で友だちと遊んだ「ストリートサッカー」だと言っている。

　遊びが上手にできない子どもは近年増えている。将来、保育者となろうとしているみなさんには、ぜひ遊びの伝道師になってもらいたい。

第3章 幼児の生活習慣と健康

◆キーポイント◆

この章では、幼稚園教育要領における「健康」の節で示されている内容のうち「健康な生活のリズムを身に付ける」「身の回りを清潔にし、衣服の着脱、食事、排泄などの生活に必要な活動を自分でする」を中心に扱う。あわせて、第4章以降で示される身体活動や運動を充実させるための生活習慣についてもふれる。本章におけるキーワードは、生活リズムと基本的生活習慣である。生活リズムとは、文字通り1日を通した時間的な生活のリズムを示し、基本的生活習慣とは、食事、睡眠、排泄、衣服の着脱、清潔、運動などの習慣のことである。保育者は、今の子どもの現状を把握したうえで、幼児期に良好な生活習慣を獲得することの重要性を理解しなければならない。また、適切かつ効率的に子どもが良好な生活リズムや基本的生活習慣を獲得できるような保育の進め方と手法についても学習してほしい。

第1節 ● 子どもの生活習慣の現状と課題

1 ── 睡眠を中心とした生活リズムの現状

図3-1は過去20年間の幼稚園・保育所に通う子どもの起床時刻、就寝時刻、睡眠時間の変化を示している。さまざまな取り組みの成果もあり、2000（平成12）年をピークに就寝時刻は早くなり、起床も徐々にではあるが早くなっている。つまり、早寝早起きの傾向がみられ、その重要性が見直されてきている。その割に睡眠時間が伸びていないように感じるかもしれないが、これは午睡を行う保育所に通う子どもの割合が多くなっている影響も少なからずあるだろう。

表3-1は、朝起きてから家を出るまでの余裕と平均時間を示している。年長児には生活リズムの確立がみられるのか、朝起きてから家を出るまでの時間に余裕がある子どもの割合が増えている。また、朝の時間に余裕をもち、朝食の摂取、朝の排便を経て、幼稚園と保育所に向かうためには1時間30分程度の時間が必要であることがわかる。起床時刻設定の1つの目安にしてほしい。

第Ⅰ部　理論編―保育における領域「健康」の理解―

　　　全体として、少しずつ睡眠を中心とした生活リズムの改善がみられてきている。さらに、1日の生活行動を考慮して起床時刻や就寝時刻などの目安を設定した生活を心がけることが、さらなる生活リズム改善へのカギとなるだろう。

注1：1歳児は、1歳6か月～1歳11か月。
注2：95年、00年、05年調査は、起床時刻、就寝時刻のいずれか、10年調査は、起床時刻、就寝時刻、昼寝時間のいずれかの質問に対して無答不明のあった人は分析から除外している。
注3：平均就寝時刻と平均起床時刻は「21時頃」を21時、「23時半以降」を23時30分のように書き換えて算出した。また、平均夜間睡眠時間は、平均就寝時刻と平均起床時刻から算出した。
注4：平均昼寝時間は「3時間より多い」を3時間30分、「昼寝はしない」を0分のように書き換えて算出した。
注5：平均合計睡眠時間は、平均夜間睡眠時間と平均昼寝時間から算出した。

図3－1　起床時刻、就寝時刻、睡眠時間の経年変化（全体、年齢別、就園状況別）
出所：Benesse次世代育成研究所『第4回幼児の生活アンケート報告書』2011年　p.27

表3-1　朝起きてから家を出るまでの余裕と時間　単位：％

学年	十分に余裕がある	まあ余裕がある	あまり余裕がない	余裕はまったくない
年少	21.1	52.3	22.9	3.7
年中	21.4	43.7	29.4	5.6
年長	37.8	44.5	16.0	1.7
全体	26.8	46.8	22.8	3.7
家を出るまでの時間（平均値）	1時間37分	1時間14分	59分	45分

出所：筆者による幼児385人を対象とした調査　2013年

2 ── 基本的生活習慣の現状

　図3-2と図3-3は、衛生習慣の代表として歯磨きおよび手洗い習慣の獲得状況を年齢別に示したものである。2000年代初期のデータであるが、就寝前の歯磨きは幼稚園入園前、手洗いは石鹸の利用を含めて年中児ぐらいで獲得されていることがわかる。わが国は世界でも有数の衛生的な国であるが、さまざまな感染症や幼少期には回避しておきたい疾患の多くも、予防の基本が手洗いであることに変わりはなく、少しでも早い習慣獲得を目指すべきである。できれば、集団生活の始まる幼稚園入園前には習慣が獲得できていることが望ましい。

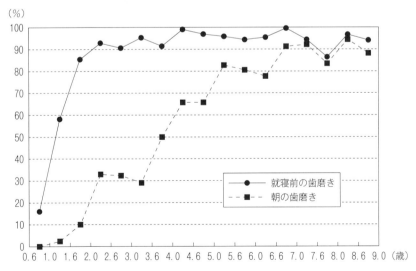

図3-2　就寝前と朝の歯磨き習慣の獲得

出所：谷田貝公昭・高橋弥生『データでみる幼児の基本的生活習慣　第2版―基本的生活習慣の発達基準に関する研究―』一藝社　2009年　p.81

第Ⅰ部 理論編—保育における領域「健康」の理解—

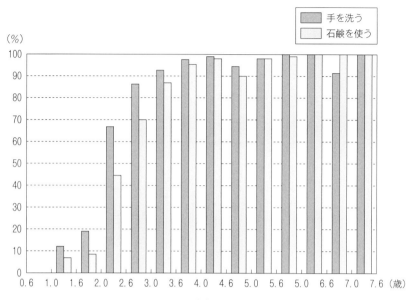

図3−3 手洗い習慣の獲得
出所：図3−2に同じ　p.84

表3−2　朝食の摂取状況　　　　　　　　　　　　単位：％

学年	毎日食べる	たまに食べない（週1日程度）	時々食べない（週2−3日程度）	ほとんど食べない
年少	92.9	4.5	2.7	0.0
年中	90.9	5.3	3.8	0.0
年長	91.2	7.0	1.8	0.0
全体	91.6	5.6	2.8	0.0

出所：表3−1に同じ

表3−3　毎日同じ頃に食事をしていますか　　　　単位：％

学年	毎日同じ時間	たまに同じ時間ではない（週1日程度）	時々同じ時間ではない（週2−3日程度）	ほとんど同じ時間ではない
年少	68.5	23.4	8.1	0.0
年中	71.2	21.2	6.8	0.8
年長	71.9	22.8	5.3	0.0
全体	70.6	22.4	6.7	0.3

出所：表3−1に同じ

表3－2と表3－3は、食習慣の代表として朝食の摂取と毎日同じ時間に食事をしているかという設問に対する回答結果である。朝食の摂取状況は、前述の睡眠習慣と同じ頃に改善してきており、9割以上の子どもが毎朝摂取するようになった。もちろん、朝食の摂取については100％を目指すべきである。その一方で、食事摂取の時間帯に関しては、毎日同じ時間と回答しているのは7割程度である。食事の時間は、生活リズムを形成するうえで極めて重要である。たとえば、夕食の時間を一定にすることで、就寝までの生活リズムが確立しやすくなる。朝食の摂取状況に改善がみられてきた現在、次は食事のタイミング、リズムに目を向けていく必要もある。

図3－4に幼児の身体活動量（1日の歩数）の経年変化をいくつかの文献のデータをもとにまとめた。1980（昭和55）年頃の子どもに比べると今の子どもの活動量がいかに少なくなっているのかがわかる。今の子どもで、1日の平均歩数が20,000歩を越えるケースは稀である。近年は幼児の体力の低下も指摘されており、体力の向上および運動の楽しさを知るうえで、幼児期からの運動への取り組みが重要になる。

3 ── 今の子どもたちが抱える生活習慣の課題

ここまで述べてきた通り、これまで注目されていた朝食の摂取状況や夜型生活などには改善傾向がみられるが、さらに良好な生活習慣へと導いていく必要がある。一方で、生活リズムでは、まだ不十分な点も多く、身体活動量の不足が目立つ。衛生習慣などの幼児期から必須の基本的生活習慣を適切に獲得していけるように、保育者や保護者が養育していく必要がある。

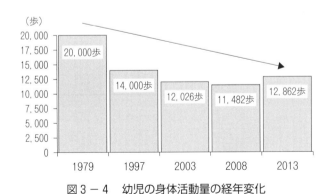

図3－4　幼児の身体活動量の経年変化

出所：波多野、1979；石井ら、2000；加賀谷ら、2006；中野ら、2010および筆者2013年収集データより作図

第Ⅰ部　理論編―保育における領域「健康」の理解―

第2節 ● 健康な生活リズムの理解と形成

1 ── 健康な生活リズムの理解

　キーポイントに示した通り、幼児の生活習慣と健康の重要なポイントとして、生活リズムと基本的生活習慣があげられる。基本的生活習慣に関連する行動は、すべて1日の生活リズムのなかであらわれるものであり、生活リズムを意識することなく、基本的生活習慣だけを獲得したり、改善したりするだけでは片手落ちである。1日の生活は朝の起床（覚醒）に始まり、朝食の摂取、排便、日中の活動、昼食、午睡、午後の活動、帰宅、夕食、睡眠などが毎日規則的に繰り返し行われることで、子どもの意欲や健康状態が維持される。図3-5は1日の生活を風車理論によりまとめた図である。風車はどこか1つの風の流れが悪くても回ってくれない。1日の生活リズムも同じように、どこか1つでも怠れば、他への影響が出てくる。たとえば、日中の活動が不足すれば、睡眠や食事に影響を及ぼし、朝食の摂取を怠れば、午前中の活動のための活力が不足する。そういった意味で、すべての生活習慣行動を規則正しく、風車のように回していく必要がある。

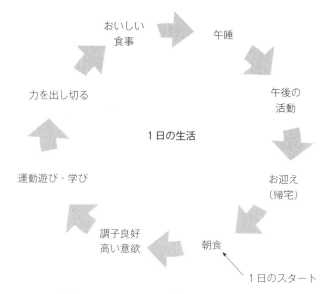

図3-5　ライフマネジメントの風車と理論
出所：小澤治夫「連載　身体と心の健康24『最近の子どもの生活と健康・体力における問題』」『教職研修』2003年より改変

第3章●幼児の生活習慣と健康

　また、人間にはもともと備わったサーカディアンリズム[※1]と呼ばれる生体のリズムが存在する。これはヒトが生来もつ内因性の生体リズムのことをいう。1日は24時間であるが、サーカディアンリズムは、実はこれよりも少し長い。そのため、ヒトは常に自らの生活リズムに配慮し、わずかに調節しながら生活しなければ、規則正しい生活を送ることは難しくなるのである。幼児期は、このような規則正しい生活に目を向け、良好な生活リズムを形成していく時期である。さらに、生活リズムは保護者やきょうだいといった同居している家族の影響を強く受ける。子どもは放っておいても一定の生活リズムで生活し、勝手に寝て起きるなどということは決してない。家族一体となった取り組みが必要である。最初は、保護者や保育者がしっかりと養育し、徐々に子ども自身が規則正しいリズムで1日を過ごせるように導く必要がある。

2 ── 活動と睡眠（休息）のバランス

　生活リズムを良好に保つうえで最も大切なのは、日中の活動と睡眠（休息）のバランスである。しかし、睡眠ばかりを気にしてやみくもに早く寝かせようとしても、子どもは眠りにつくことができず、逆効果になることも少なくない。そこで、カギとなるのが日中の活動である。日中の身体活動量は、就寝時刻とも密接に関係してくる。当然、就寝時刻が遅い状態では、良好な生活リズムを保つことができない。徐々に睡眠不足が蓄積することで、午前中の活力は失われていくであろう。結果的に活動が不足すれば、さらに寝つきが悪くなっていく。また、このようなタイプの生活リズムの子どもは、テレビの視聴時間も長くなる傾向にある。夜型の生活では外で遊ぶことが減り、屋内で1日中テレビがついているような環境にさらされる。言うまでもなく、子どもの生活リズムは乱れ、意欲、活力の減退を招く結果となる。テレビ視聴時間が長くなり、眠る直前までテレビやゲームをしていると睡眠の質にも影響が出てくる。睡眠の質の低下は、成長ホルモン[※2]の分泌の低下や夜のメラトニンの分泌量の低下を招き、結果的には、成長の遅れや睡眠による適切な疲労回復に支障をきたしてしまう。

　特に幼児期は、日中の運動をきっかけとして睡眠習慣の確立を目指すべきであり、日中はできる限り外に出て、広い空間で体を動かした活動を心がける必要がある。

※1　サーカディアンリズム
動植物のさまざまな生理現象にみられる内因性のリズムのことで、日本語では概日リズムという。血圧、体温、ホルモン分泌などそれぞれの生理現象によって若干の違いはあるが、24時間よりも少し長いことが多い。そのリズムの乱れは、日の光を浴びることによって調節できる。

※2　成長ホルモン
脳下垂体前葉から分泌されるホルモンの1つ。骨や筋肉の成長に作用するため、ヒトの成長に影響する。分泌量は睡眠と密接に関係しており、スムーズな入眠から2時間ぐらいのノンレム睡眠時に多く分泌される。

3 ── 食習慣の形成と食育

　生活リズムを形成していくうえでもう1つ重要なのは、食習慣である。近年では、食育の普及によって、多くの幼稚園・保育所等で食に関する取り組みが行われるようになっている。また、文部科学省が推進した「早寝・早起き・朝ごはん」運動の効果もあり、朝食摂取状況の改善もみられるようになってきている。しかしながら、依然としてさまざまなコショクの問題、食の質、食のリズムなどの問題は大きい。

　食習慣の形成においてまず始めに考えてほしいことは、1日の生活リズムに合わせた食のリズムである。朝食摂取は栄養の面からも重要であるが、朝の時間に余裕をもつ生活リズムに変えることにおいても大切である。「コショク」には、孤食、個食、固食などのさまざまな問題が指摘されている。そのなかでも、核家族化や保護者の共働きなどの増加に伴う孤食の増加が問題視されている。文字通り、孤独な（一人での）食事である。子どもとともに食事をとることは、重要なコミュニケーションの場であり、子どもにとっては精神安定剤である。実際に孤食が多い子どもは、心を乱すケースが多いという指摘もされている。また、保護者にとっては子どものさまざまな成長や問題点に気づく大切な機会である。食事空間自体が子どもにとって楽しいものとなるように心がけなければならない。

　食事バランスガイドの活用、地産地消の取り組み、お手伝いを通した偏食対策など、子どもの食への関心や意識を高めるためのさまざまな取り組みが行われてきている。今後は、食のリズムの確立、食事空間の充実とともに、徐々に食の質の向上にも取り組む必要がある。

第3節 ● 基本的生活習慣の理解と形成

1 ── 健康の土台としての基本的生活習慣

　幼稚園教育要領および保育所保育指針における領域「健康」の内容として記載されている事項のうち、生活のリズムや食事、睡眠、排泄、衣服の着脱、清潔などが基本的な生活習慣に該当すると考えられる。これに加えて、「十分に身体を動かす」、「進んで戸外で遊ぶ」などの表現により、身体活動（第4章以降で中心的に扱う）も健康のために重要な生活習慣として位置づけられ

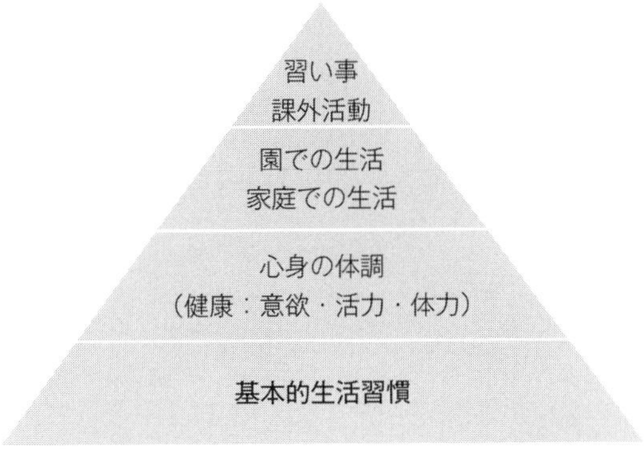

図3-6　毎日の生活のピラミッド構造

ている。2018（平成30）年4月から適用される幼稚園教育要領および保育所保育指針においても、幼児期に「様々な遊びの中で、（中略）その際、多様な動きを経験する中で、体の動きを調整するようにすること」が、領域「健康」の内容として追加されている。基本的生活習慣は幼少期に理解・獲得することが望ましい。なぜならば、人の習慣は長年かけて培われていくため、よい習慣も悪い習慣も、年が進めば進むほど変化させにくくなるという特徴がある。そのため、幼少期によい習慣をしっかり身につけておくことが最も有効であり、生涯にわたってそれを維持する最もよい方法である。

　もう1点、幼少期における基本的生活習慣の獲得には、子どもの健康の維持・増進の土台となるという点で重要な意味がある（図3-6）。この点は実は、子どもに限ったことではない。青少年やおとな、もっといえば、高齢者であっても日々の基本的生活習慣が毎日の健康を支えているのである。また、ここでいう健康とは、単に疾患の有無のことだけをさしているのではなく、日常生活におけるさまざまな意欲、活力、体力といった広い意味での健康的な状態のことをさしている。意欲的でなかったり、精神的に問題を抱えていたり、時に身体的な発育・発達が遅滞、停滞するケースなどにおいても、基本的生活習慣の乱れを伴っていることが少なくない。特に幼少期において感染症を始めとするさまざまな疾患を患うことは、一時的な発育・発達の遅れを生み、それが、精神的な自信や意欲に影響する。結果的にさまざまな学びの機会を失うことにつながってしまうと考えられる。感染症予防の基本も基本的生活習慣としての清潔の習慣である。このように、基本的生活習慣は、人の心身すべてにおける健康の土台なのである。健康といった土台なくしては幼稚園・保育所等での学習、運動、遊び、そして人間関係などにおいてもよい成果を上げることはないということをよく理解しておくべきである。

2 ── 基本的生活習慣の形成

基本的生活習慣（食事、睡眠、排泄、衣服の着脱、清潔、運動、生活リズム）について、食事と睡眠（休息）および生活リズムに関しては前節で取り上げたので、この項ではそれ以外の4つの事項について示す。

(1) 排泄の習慣

排泄には、いくつかの段階が存在する。第1段階としては、子どもが尿意や便意を感じたとき、あるいは、より初期の段階では排泄後の不快な状態を何らかのサインによって知らせる段階である。この段階では、泣いたりすることで不快感を伝えたり、こっそり扉の陰に隠れたり、時には急に動きが止まり、静かになったりなどのサインがある。なかには、必ず同じ場所に移動していくような子どももいる。この段階ではサインを出したこと自体をほめてあげ、次の段階への発達を促す必要がある。第2段階では、排泄の予告をする段階である。排尿の間隔も長くなり、早い子どもでは2歳頃から、また、8割近い子どもが3歳頃にはこの段階に至る。保護者や保育者は子どものサインに注意し、一緒にトイレに行ってあげたり、定期的に声をかけてあげたりすることで、子どもの排泄の成功体験が増え、次の段階へと進みやすくなる。そして、一般的には3歳頃には多くの子どもが自分で排泄行動ができる自立段階にいたる。

このような排泄習慣の獲得段階を理解することは、保育者にとって大切なことであるが、もっと大切なことは、子どもの健康状態の重要なバロメーターとしての排泄を理解することである。朝食後の排便や就寝前の排尿など、生活リズムとしての排泄行動を促進し、その変化に目を向けていくべきである。また、単に習慣の獲得で終わるのではなく、排泄のリズム、タイミング、回数、中身、幼稚園・保育所、小学校などでの排便行動への嫌悪感など、子どもの健康に密接に関係してくるような行動リズムや阻害因子に気を払う必要がある。幼児であっても便秘もするし、下痢もする。ましてや胃腸風邪のような感染症は便をみれば一目瞭然である。また、心配ごとがあれば頻尿の症状を示すし、排泄行動の自立後のおねしょなども心配ごとや疲労状態のあらわれであることが多い。ひどいときには医師の診察を受けることも求められる。このように排泄の習慣は、子どもにとって重要な健康のバロメーターなのである。

(2) 衣服の着脱

　衣服の着脱ができるようになることは身辺の自立といわれ、自らの身辺を清潔に保つ生活習慣の第一歩でもある。早い子どもでは1歳になった頃から衣服の着脱に興味を示すようになる。一般的に脱衣のほうが簡単なため、脱衣の行動習慣が先に形成される。特にお風呂が好きな子どもは、1歳になったばかりでも一生懸命に服を脱ぐ動きをする。見守るおとなはわずかな手助けをしながら、子どもに自分一人でもできるという自信をつけさせるようにする。さらに、衣服の着脱には別の意味合いもある。1つは、自己表現である。小さな子どもは、実はおとな以上にお気に入りの洋服や靴に対する執着が強い。自分の気に入った服を身につけていれば、機嫌もよくなるし、着脱への意欲も高まる。これはある種の自己表現の第一歩ともいえよう。もう1つは、清潔習慣といった意味合いである。前述した脱衣後の整理整頓もそうであるし、汚れた洋服を着替えることなども大切な清潔習慣の一部である。寝るときにパジャマに着替えたり、起床時にパジャマから普段着に着替えることは、清潔習慣とともに生活にメリハリを与える効果もある。保護者や保育者は単に衣服の着脱だけを習得させるのではなく、整理整頓、清潔の大切さ、季節や気候に合わせた衣服の選択なども適宜、子どもに伝えていかなければならない。

(3) 清潔習慣

　清潔習慣は排泄や衣服の着脱と違い、自然と時間が経てばいつかは身につくというものではない。排泄や衣服の着脱は、自らの不快感や生理的反応のなかで身についていく部分も多いが、清潔習慣に関しては、教育や実体験が重要となってくる。子どもが自ら予防でき、最も気をつけるべきは経口感染である。病原体が手や指を介して口に入ることで感染する経口感染を予防する最大の方法は手洗いである（図3－7）。また、うがいをする、爪を短く保つなども有効である。これ以外にも顔を洗う、お風呂に入る、汗を拭く、髪の毛をきれいに保つ、汚れた衣服をそのままにしておかない（着替える）なども重要な清潔習慣行動である。さらに、口のなかを清潔に保つことも忘れてはならない。歯を磨くことはもちろんであるが、定期的に歯科検診を受けることも有効である。これらの習慣を通して、身体、口腔の清潔を保つように心がけなければならない。

　保護者や保育者は子どもの清潔習慣獲得のために自らが手本となり、子どもの習慣獲得の手伝いを積極的に行う必要がある。清潔習慣は多岐にわたっており、小さな子どもには難しい動作も少なくないため、初期の段階ではお

第Ⅰ部　理論編―保育における領域「健康」の理解―

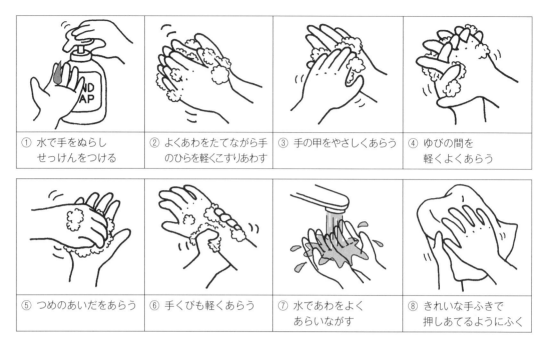

① 水で手をぬらしせっけんをつける
② よくあわをたてながら手のひらを軽くこすりあわす
③ 手の甲をやさしくあらう
④ ゆびの間を軽くよくあらう
⑤ つめのあいだをあらう
⑥ 手くびも軽くあらう
⑦ 水であわをよくあらいながす
⑧ きれいな手ふきで押しあてるようにふく

図3-7　手の洗い方
出所：日本学校保健会『学校と家庭で育む子どもの生活習慣』日本学校保健会出版部　2011年　p.126

となによる多くの手助けを要する。また、生活環境を清潔に保つことはおとなの役割でもある。

　最後に、清潔習慣は、後述するHQC手法を用いた取り組みのなかで最も短期間で効果の期待できる生活習慣である。その方法を理解したうえで、ぜひ、家庭や幼稚園・保育所等で清潔習慣の指導に取り組んでほしい。

(4)　運動習慣

　子どもの身体活動および運動に関しては第4章・第5章で詳しく述べるので、ここでは、その導入としてごく簡単に基本的生活習慣の一部としての運動の役割について示す。前節から続いて、さまざまな基本的生活習慣について述べてきたが、実は、これらの多くに日中の十分な運動が大きな役割を果たしている。たとえば、前述の通り、良好な睡眠習慣の獲得には十分な運動が必要であり、また、食習慣や排泄習慣には運動による食欲増強、代謝促進による食物の消化促進がかかわっている。さらに、近年問題視されている子どもの体力低下の問題を解決するためにも、幼児期から運動習慣を獲得することが必要である。子どもは運動を通して、さまざまな感情を学び、ルールや規則も学ぶことができる。加えて、多様な運動体験のなかで、幼児期に基本的な運動動作を習得しておくことは、今後の生活において運動に親しみ、

意欲を高めるための基礎を築くことになる。たとえば、「走る」「跳ぶ」「登る」「投げる」「蹴る」などの基本的な動作は、6歳頃までが発達のピークである。より基本的な「はう」「立つ」「つかむ」「もつ」「押す」「くぐる」などの動作は、5歳頃までには養っておくべき動作である。運動というと、単に運動神経や体力テストの成績に関心が向きがちであるが、幼児期においては、健康の増進や友だちとの人間関係、そしてさまざまなことを学ぶ意欲を育むために重要である。

このように、日常の保育や家庭生活のなかで子どもの運動機会を増やし、多様な動きを経験させることはとても大切である。都市化が急激に進み、社会が便利になり、さらにはデジタル化が加速的に進んだ現代において、運動習慣を獲得させるには、ある程度、意図的に運動や身体活動の機会を確保していかなければならない。

第4節 ● 健全な生活習慣形成のための手法

1 ── Health Quality Controlの理解

子どもの生活習慣は、保護者やきょうだい、家庭環境の影響を強く受ける。特に幼児期において、子どもは保護者の養育や行動をみて、生活習慣を形成していく。しかしその一方で、子ども自身が自らの生活や健康に目を向ける姿勢を徐々に養っていくことも大切である。そこで本項では、子どもが保護者や保育者と共同して、良好な生活習慣を形成、維持するために有用な手法として「Health Quality Control」（HQC）を紹介する。

HQCとは、もともと企業で展開されていた品質管理の考え方を健康分野に応用したものである。つまり、自らの生活習慣を管理するための手法といえる。HQCでは、いくつかの有効な道具が提案されている。パレート図や特性要因図、HQCチェックシートなどがあり、これらを有効に活用して生活習慣上の問題を効率的に解決していく。次項でこれらの道具について簡単に解説する。また、具体的なHQC実践事例に関しては、「第Ⅱ部　実践編」の実践3（p.187）において紹介する。

第Ⅰ部　理論編─保育における領域「健康」の理解─

2 ── HQCの7つ道具

　HQCには特性要因図、パレート図、グラフ、チェックシート、ヒストグラム、散布図、管理図の7つの道具がある。ここでは、HQCの考え方の基本となるPDCAサイクルと、7つ道具のうち主な3つの道具について紹介する。

(1) PDCAサイクル

　PDCAサイクルは、「Plan（計画）」「Do（実行）」「Check（確認）」「Act（処置）」の頭文字をとったもので、その4つのプロセスを順に行う管理サイクルである（図3-8）。子どもの生活習慣は、一度身についてもさまざまな要因で乱れることがある。多くの生活習慣が連鎖的によくも悪くもなるため、繰り返し自らの生活をチェックする意味で、PDCAサイクルを何度も回すことが大切である。

(2) パレート図

　パレート図は、問題の大きさを要因別に客観的に把握するための図で、取り組む問題を効率的に決定するための手法である。パレート図を作成するためには、まず、保育者や保護者がそれぞれ問題点をあげる必要がある。そのためにアンケート調査を行ってもよいし、みんなで集まって話し合ってもよい。そして、そのなかで出てきた問題点について、それぞれ何人の人が問題に感じているかを数えて、それを図にまとめる。これがパレート図であり、図3-9はパレート図の例である（データは仮想）。この図では、最初に取り組むべき最も重要な問題点が運動習慣であることがわかる。生活習慣の問題は、相互に関連していることがほとんどなので、最も多くの人が問題と感じ

図3-8　PDCAサイクル
出所：大澤清二「学校が変わる　子どもを変える　HQC第2回　HQCによる学校保健の改善と推進（その2）〜HQC技法とはどんな方法か〜」『健康教室』第63巻第6号　2012年　p.44

第3章●幼児の生活習慣と健康

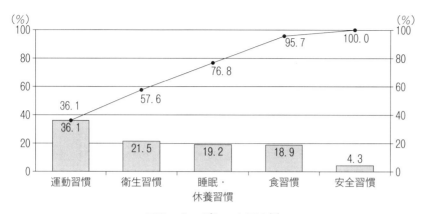

図3-9　パレート図の例
出所：中野貴博「学校が変わる　子どもを変える　HQC　第3回　HQCによる健康生活習慣の改善」『健康教室』第63巻第7号　2012年　p.47

ていることから改善していけば、小さな問題はいつの間にか解決していることも少なくない。

(3) 特性要因図（フィッシュボーンダイアグラム）

　特性要因図は、図の形が魚の骨のようなので、別名でフィッシュボーンダイアグラムと呼ばれている。名前だけ聞くと難しそうだが、特性要因図の作成法はいたってシンプルである（図3-10）。まず、取り組む問題を右端の四角のなかに記入する。次に問題の原因を上下の大骨の先に、そして、原因の

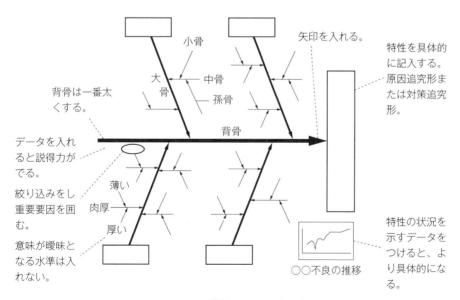

図3-10　特性要因図の書き方
出所：図3-8に同じ　p.45

原因を繰り返し中骨、小骨の先に記入して、徐々に具体的な表現になっていくようにする。保育者同士の話し合いのなかで出てきた言葉を図のなかに書き足していけばよい。こうしていくと、始めは抽象的だった問題の原因も、最後には日常の生活行動が具体的に見える形になる。この小骨の先に記入した具体的で細かな生活行動を変えるところから取り組んでいけば、最終的には大きな問題解決につながると考えるのが特性要因図を利用したHQCの基本的なスタンスである。特性要因図は、保育者のグループや保護者とディスカッションしながら作成するとよい。また、模造紙などを使って、子どもと話しながら作成すれば、子どもの意識も一層高まる。

(4) チェックシート

チェックシートは、前述した特性要因図を用いれば簡単である。特性要因図のなかで、具体的に子どもの行動が示されている原因（主に中骨や小骨の先端に書かれている原因）をピックアップする。特性要因図の作成の際に、このような原因項目に丸などの印をつけておくとなおよい。これらの項目をチェックシート形式で1枚の用紙にまとめる。できれば1週間分を1枚にまとめ、ひと目でわかるような形式にするとよい。このような方法は、小学校において元気っ子週間などの名前でよく用いられている。ただし、幼児期は自分で記入することが難しい場合もあるので、幼稚園・保育所などに慣れてきた年中児や年長児を対象に保護者と一緒に徐々にチェック活動を始めるとよい。また、チェック用紙にかわいいシールを用いたり、がんばりシールやもう少しがんばろうシールなどを用いれば、よりよいシールが貼れるように、子どものやる気も高まっていくはずである。具体的なチェックシートの例は、「第Ⅱ部　実践編」の実践3 (p.189) でも紹介しているので参考にしてほしい。

3 ── 生活習慣チェックの大切さと有効性

本節では、ここまでHQC手法という子どもの生活習慣の獲得および改善に役立つ方法を紹介した。実践している幼稚園・保育所、小学校などのなかには確実に成果を上げているところもある。本節の冒頭でも述べたが、子ども自身が自らの生活や健康に目を向ける姿勢を徐々に養っていくことは、極めて大切なことである。また、子どもの生活習慣は常にチェックをしておかなければ、いつ、どのような要因で変化し、乱れてしまうかわからないので、このような活動は、年に1回のイベントのように行うのではなく、定期的に行うことが大切である。特に生活習慣の改善を目的として行う場合には、一

定期間以上、最低でも3週間程度は継続的に取り組む必要がある。

●学びの確認
①最近の子どもの生活習慣について、その傾向を簡潔にまとめてみよう。
②基本的生活習慣とは一般にどのような習慣のことをさすのか説明してみよう。
③生活リズムを形成する際に注意すべきことはどのようなことか、また、生活リズムを良好に保つうえで最も大切なものは何か考えてみよう。
●発展的な学びへ
①HQC手法の大切な道具である特性要因図について簡潔に説明してみよう。
②生活習慣の可塑性（可逆性）とそのための取り組み方針について説明してみよう。

引用文献

1) Benesse次世代育成研究所『第4回幼児の生活アンケート報告書』Benesse次世代育成研究所　2011年　pp.24-27
2) 谷田貝公昭・高橋弥生『データでみる幼児の基本的生活習慣　第2版—基本的生活習慣の発達基準に関する研究—』一藝社　2007年　pp.79-88
3) 波多野義郎「現代っ子はどれだけ動いているか」『体育科教育』第27巻　大修館書店　1979年　pp.29-31
4) 石井荘子・坂元元子「幼児の運動量に影響する健康・食生活の要因について」『和洋女子大学紀要』第40集　2000年　pp.97-105
5) 加賀谷淳子・清水靜代・村岡慈歩・岡田知雄・西田ますみ・木村友里・大森芙美子「歩数からみた幼児の身体活動の実態—子どもの身体活動量目標値設定にむけて—」『日本女子体育大学基礎体力研究所紀要』第13巻　2006年　pp.1-8
6) 中野貴博・春日晃章・村瀬智彦「生活習慣および体力との関係を考慮した幼児における適切な身体活動量の検討」『発育発達研究』第46号　日本発育発達学会　2010年　pp.49-58
7) 小澤治夫「身体と心の健康24　最近の子どもの生活と健康・体力における問題」『教職研修』12月号　2003年　pp.80-83
8) 大澤清二「学校が変わる　子どもを変える　HQC　第2回　HQCによる学校保健の改善と推進（その2）〜HQC技法とはどんな方法か〜」『健康教室』第63巻第6号（通巻931号）　2012年5月号　pp.44-49
9) 中野貴博「学校が変わる　子どもを変える　HQC　第3回　HQCによる健康生活習慣の改善」『健康教室』第63巻第7号（通巻932号）　2012年6月号　pp.46-51
10) 日本学校保健会『学校と家庭で育む子どもの生活習慣』日本学校保健会出版部　2011年　pp.114-131

参考文献

谷田貝公昭監修『6歳までのしつけと子どもの自立―イラストで学ぶ基本的な生活習慣―』合同出版　2002年　pp.8－118

池田裕恵編『子どもの元気を取り戻す　保育内容「健康」』杏林書院　2011年　pp.83－102

玉井美知子「特集：乳幼児期の探求Ⅱ　育ち合い―基本的生活習慣の自立をめざして―」『研究紀要』第37号　日本教材文化研究財団　2008年
（http://www.jfecr.or.jp/publication/pub-data/kiyou/h20_37/index.html）

前橋明『生活リズム向上大作戦』大学教育出版　2006年　pp.1－68

日本学校保健会『学校と家庭で育む子どもの生活習慣』日本学校保健会出版部　2011年　pp.75－99

●○● コラム3 ●○●

一番大切なのは生活のルールを守ること

　子どもたちにとって大切な生活習慣はたくさんある。本章で紹介したものはいずれも幼児期に獲得すべき大切な習慣であるが、最も大切なことは家庭や幼稚園・保育所等で決めた生活習慣のルールを守ることである。筆者が以前に小学生を対象に収集したデータで興味深い結果があった。それは、生活のルールを守らない子どもには肥満が多いというものである。一般的に子どもの肥満というと、食習慣や運動不足が連想される。確かにそのような傾向はあると思われるが、筆者らが行った調査では、肥満度10％以上の子どもで「生活のルールを守る」と答えた子どもはわずか7.0％であり、「時々守らない」が22.9％、「全く守らない」が42.9％であった。それ以外の朝食の摂取や外遊びといった生活習慣行動と肥満との間に有意な関係はみられなかったことを考えると、幼少期の子どもは、まず、決められたルールを守る意識や姿勢を身につけるべきだといえる。さらに、ルールを守る子どもと時々守る子どもではゲーム遊びの時間に1日平均40分以上の違いがあり、守る子どもと全く守らない子どもにいたっては約50分の違いがみられた。ルールを守らない子どもたちは、ゲーム遊びの時間の増加や日常生活のさまざまなルールを守らないことによって、身体活動も不足し、健康状態や学習生活にも問題が発生していることが懸念される。幼少期から家庭や幼稚園・保育所等でルールをしっかり守る姿勢を身につけることが大切である。

第4章 幼児の健康維持・増進のための身体活動

◆キーポイント◆

近年は、スポーツ科学だけにとどまらず、脳科学、心理学、社会学、健康科学の発展により、幼少期における身体活動の多角的な効果が明らかとなり、その必要性と重要性がより一層認識されている。

文部科学省も全国的な調査の分析結果をもとに、子どもの身体的、精神的、社会的な健全発達のためには、幼児期からの取り組みが必要不可欠であるとし、2012（平成24）年に「幼児期運動指針」を策定した。

本章では、現代の子どもの心身に関する健全な発達を妨げている諸問題および幼児期における健康の維持・増進の課題を示すとともに、幼児期における身体活動の科学的効果についても説明する。単に「体力を向上させるための運動（運動遊び）」という理解ではなく、からだ、こころ、社会性、脳など多方面にわたる運動遊びの効果とその重要性を理解してほしい。

第1節 ● 幼児の身体活動の現状と課題

1 ── 活発に体を動かす機会の減少

文部科学省は、2007（平成19）～2009（平成21）年度までの3年間にわたって「体力向上の基礎を培うための幼児期における実践活動の在り方に関する調査研究」（以下、文部科学省調査という）を実施した。この調査によると、幼稚園・保育所（以下、園という）を降園後、家庭での遊び場は「室内」が半数近くを占め（47.9％）、「戸外」での遊びが多い幼児は約2割（18.3％）であった（図4-1）。一方、園での遊び場について、約6割（62.1％）の幼児は「戸外」での遊びが多く、「室内」での遊びが多い幼児は1割強（12.5％）であった。このことから、園では戸外で遊んでも、家庭では戸外遊びをしていない幼児もいると考えられる。

日本小児保健協会「平成22年度幼児健康度調査」では、いつも遊ぶ場所は「自分の家」が84％で1990（平成2）年以降増加し、反対に「友だちの家」は28％とやや減少している。このほか、「公園」(54％)、「児童館などの児

童施設」(11%)が遊び場となっている。

　文部科学省調査によれば、体力を向上させるための実践プログラムに取り組んだ園の園児の歩数は1日平均13,858歩だったのに対し、特別な取り組みを行わなかった園の園児は12,550歩だった(図4－2)。今の親世代が幼児だった頃には、活動的な子どもは27,000歩以上であったという報告もある(図4－3)。

　活発な子どもとそうでない子どもとの歩数の差は、園での一斉活動ではみられないが、好きな(自由な)遊びの時間で大きく異なる。一斉活動30分間の体を動かす活動の平均は、活発な子どももそうでない子どもも1,100歩台とほとんど変わらないが、同じ30分間の自由な遊びの時間では活発な子どもが約1,600歩に対し、活発でない子どもは約690歩と2倍以上の差がある。また、休園日は登園日より、全体的に歩数が少なくなるといわれている。

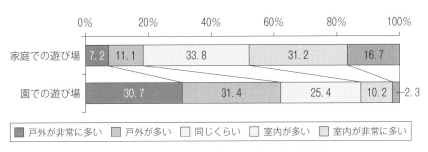

図4－1　家庭および園での主な遊び場所
出所：文部科学省調査

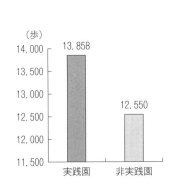

図4－2　1日あたりの平均歩数
出所：文部科学省調査

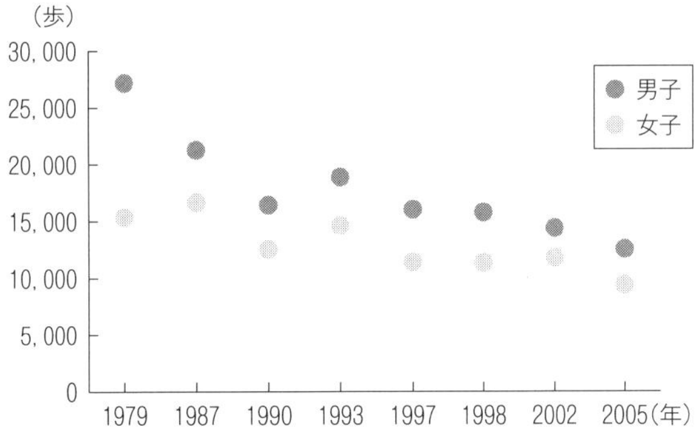

図4－3　日本人小児の1日歩数の推移
出所：文部科学省調査(波多野ら、1979；星川ら、1987；齊藤ら、1990；黒川ら、1993；加賀ら、1997；糸井ら、1998；三村ら、2002；加藤ら、2005より作図)

第Ⅰ部　理論編―保育における領域「健康」の理解―

2 ── 4つの「間」の減少

　1985（昭和60）年頃までは、兄弟姉妹の数が多く、さらに近所には同世代の子どもも多く、遊び仲間がたくさんいた。しかし、少子化が進むにつれ、家庭内外で遊び仲間が少なくなってきた。また、以前は公園などの整備された場所だけでなく、空き地、道路、林なども子どもにとっては格好の遊び場であったが、国の経済成長とともに秘密基地的な遊び場も減少し、また、車社会の発展により道路でも遊ぶことができなくなり、子どもにとっての魅力的な遊びの空間がなくなってしまった。さらに、塾や習いごとの低年齢化により遊びの時間も減少した。そのような状況を克服し、子どもの遊びの機会をつくろうと保護者が主体的に屋外に連れ出した時期もあったが、最近では共働きの影響などにより、保護者自身も忙しくなり、わが子に費やす手間がかけられなくなってきている。

　このように現代は、子どもにとって屋外で活発に遊ぶための「仲間」「空間」「時間」「手間」という「4つの間（ま）」の減少が、子どもの不活発の原因といわれている。

3 ── 活動不足がもたらす諸問題

(1)　体の操作が未熟な幼児の増加

　現代では、階段を一段一段足をそろえなければ下りられない年長児、手すりをもたないと階段を下りられない年長児、また、登降園などの際、お尻をついて座らなければ靴を履き替えられない年長児の姿がみられる。人の基本的な動きである「走る・跳ぶ・投げる」などの動きについても、かつては自然に身についていた動きも十分獲得されておらず、未熟であることが明らかにされている。体を使った遊びが減少しているだけでなく、普段の生活のなかでのさまざまな動きの経験も乏しくなっている。

　一方、保育現場からは動きのおかしさやけがを危惧する声も聞かれる。けがは、子どもの安全能力と関係がある。安全能力には、①身体的な面（体の大きさ、運動能力等）、②知的な面（理解力、判断の正確さ等）、③社会的な面（道徳性、社会的規範等）、④精神（情動）的な面（注意力散漫、衝動的行動等）があるが、わかっていても自分の体をコントロールすることができなければ重大な事故につながってしまう。

　運動や身体活動は、スポーツをするためだけに必要なのではなく、安全で健康的な生活を送るうえでとても大切なものである。

(2) よく動く子どもとほとんど動かない子どもの二極化

　小学生以上の運動実施状況について、運動をする者としない者との2極化が指摘されている。幼児においても、平日の戸外遊びが30分以内の幼児が22.1％いる一方で、3時間以上という幼児も18.5％いる。幼稚園での好きな遊びにおいても個人による好みの違いがみられる。経験している遊びが異なれば、遊びのなかで経験する動きにも違いがあらわれる。一般に動きは、その動きを経験することで獲得されるが、子どもの興味だけにまかせているだけでは、限られた遊びしか行っていないということになるかもしれない。遊びの経験の違いは、動きの獲得、運動発達だけにとどまらず、さまざまな経験の差・発達の差になることが考えられる。

(3) メディア漬けの増加

　近年は、テレビ、ビデオ、ゲーム（テレビゲーム・携帯型ゲーム機）、パソコン、スマートフォンといった各種メディアを使用する機会が増え、メディア漬けの子どもが増加している。テレビ、ビデオの視聴時間は、1歳を超えたときから半数以上の子どもが1日に2～4時間程度になる。各種メディアの使用は就寝時刻にも影響し、夜10時以降まで起きている幼児の30～50％がテレビやビデオを視聴していると報告されている。また、コンピューター・グラフィックスなどの技術の進歩で、目に対するテレビの刺激はさらに強くなっており、体への影響が危惧される。

　メディア漬けは、体への影響と同時に心や知能・言葉やコミュニケーション能力などの発達にもかかわってくる。現在、親子や友だちとのやりとりが面と向かって行われることが少なくなっており、携帯電話やメールを通してしかコミュニケーションがとれない子どももいる。家庭内でもメールのやりとりをしている親子が存在するとも聞く。メディアの利用は最小限にし、相手と顔を合わせて話すことも大事であろう。

(4) 体力・運動能力の低下

　体力、運動能力の代表的な指標でもある「走・跳・投」に関する世代間（「昭和60年」と「平成20年」）の差をまとめてみた。図4－4は「走」を代表する25m走の結果を示している。昭和60年の年少の全国的平均値はないが、年中（4歳児）以降をみると、男女ともに低下していることがわかる。特に男児の低下が大きく、平成20年の年長（5歳児）の男児においては、昭和60年の女児と同じレベルにある。

　図4－5は、「跳」を代表する立ち幅跳びの結果である。男女ともに年少

第Ⅰ部　理論編—保育における領域「健康」の理解—

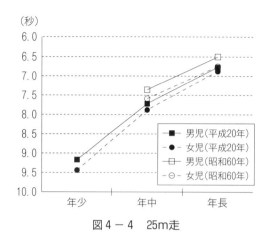

図4-4　25m走

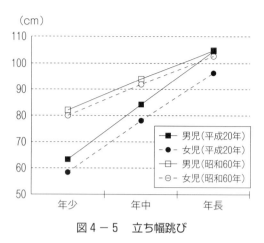

図4-5　立ち幅跳び

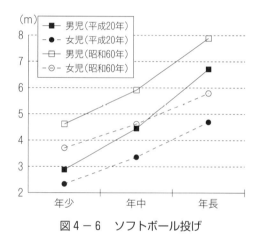

図4-6　ソフトボール投げ

（3歳児）では著しい年代差があるが、加齢とともにその差は縮まっている。年長のときには女児においてやや差は残っているものの、男児ではほとんど同レベルである。どうしてこのような現象が起きているのだろうか。おそらく、本来の子どもの生理的な発育状況から考えると、昭和60年代のようなレベルにあるべきであるが、現代（平成20年）では、各家庭で育っている2歳児（年少以前）までの運動経験が少なく、発達の遅延が生じている可能性がある。年少から年中にかけての急激な向上は、3歳になって初めて園に通園し始め、園でいろいろな動きを体験するようになって急速に動きを獲得しているためであろう。

　図4-6は「投」を代表するソフトボール投げの結果を示している。平成20年の幼児は昭和60年の幼児より、いずれの学年においても男女ともに大きく低下している。特にボール投げに関しては、学童期以降の低下も著しいことが報告されているが、この結果から推測すると、今の子どもの投能力の低下は、幼児期もしくはそれ以前から出現していると思われる。基本的にボールを用いた遊びは一人で行うものではなく、複数の友だちとともにゲーム形式（ドッジボール、サッカー、野球等）で遊ぶものである。少子化による友だちの減少も影響しているのだろう。このような状況を考えると、幼稚園や保育所等のような集団生活の場において、ボール運動を教材として多く取り入れることが大切である。

第2節 ● 幼児期運動指針

1 ── 幼児期運動指針とは

　本章の冒頭で紹介した文部科学省調査では、専門的な視点から体力向上のための多くのプログラムが提案・開発され、プログラムを2～3年間実施する実践園と、特別な働きかけをしない協力園を設定し、両群の比較検討により、実践プログラムの効果の検証が行われた。検証の結果、幼児期における体力向上のさまざまなプログラムの効果が実証された。そして、各プログラムは単に体力・運動能力テストにおける量的向上だけではなく、質的な発達、つまり、動作の成熟に大きく寄与することが確認された。また、その効果から、改めて幼児期における体を動かす遊びを中心とした身体活動の大切さがうかがえた。この結果をふまえ、同省は2010（平成22）年度に「幼児期運動指針策定委員会」を設置し、2012（平成24）年3月に同委員会より「幼児期運動指針」を公表した。

　この指針の公表とともに、その内容がわかりやすく解説された「幼児期運動指針ガイドブック」が作成された。文部科学省所管の幼稚園だけでなく、厚生労働省所管のすべての保育所にもこの指針の通達とガイドブックが配布されたことは、極めて意義深く、国をあげた取り組みといえる。

2 ── 幼児期運動指針の概要

　策定された幼児期運動指針を一言であらわすならば、「幼児は様々な遊びを中心に、毎日、合計60分以上、楽しく体を動かすことが大切です！」であろう。もちろん、この60分には、幼稚園や保育所等だけでなく、家庭や地域での活動も含めた1日の生活全体の身体活動が含まれている。また、特別な時間やカリキュラムを用いた指導的な活動に限らず、散歩や手伝いなど生活のなかでの動きも含まれている。

　では、なぜ60分以上が望ましいのかというと、文部科学省調査において外遊びの時間が長い幼児ほど体力が高い傾向にあり、1日の外遊び時間が60分未満になると3割以上の子どもが低体力評価で、かつ全体の4割を超える幼児は1日の運動時間または外遊び時間が60分未満であったためである。一概に1日にどれだけ体を動かせばよいかといった明確なデータを示すことは困

難であるが、世界保健機関（WHO）を始め、多くの国々でも毎日合計60分以上の中強度から高強度の身体活動を推奨しており、世界的にスタンダードな目安といえる。

幼児期に継続的に60分以上の身体活動を確保することで、生涯にわたる運動習慣の基礎づくりを行い、また、多様な動作の獲得と体力・運動能力の向上が期待される。さらに、同年齢や異年齢の友だち集団との運動や遊びを通して、さまざまな活動への意欲や社会性、創造性などを育むことを目指している。

3 ── 幼児期における運動のあり方

幼児はいろいろな面（知的、精神的、身体的）で未熟であるため、幼児を取り巻く保育者や保護者が体を動かした遊びの援助をすることが大切である。また、おとなのトレーニングのようなイメージで幼児に対して運動プログラムを強要させることがあってはならない。そのため、以下の3点を指針のポイントとしてあげている。

ポイント1　多様な動きが経験できるようにさまざまな遊びを取り入れること

幼児期に経験させ、獲得させたい基本的な動きには大きく分けて、転がる、渡るなどの「体のバランスをとる動き」、走る、登る、よけるなどの「体を移動する動き」、捕る、投げる、こぐなどの「用具などを操作する動き」がある。幼児期は、遊びのなかでこれらの動きをまんべんなく経験して動作を習得することが大切であり、これがその後により複雑な動きを身につける際の基礎となる。したがって、保育では同じ運動や遊びだけにとらわれず、さまざまなプログラムを提供し、家庭でも室内・戸外でいろいろな親子遊びをするとよいだろう。そのなかでも最近の子どもたちの投動作の未成熟を考えると、ボールを使った遊びを意図的に取り入れ、幼児期からボール操作への関心を高めておく必要がある。

ポイント2　楽しく体を動かす時間を確保すること

幼児期は、身体的な諸機能の発達が大きい一方で、心理的な発達も著しく、さまざまな経験を通して自己を形成していく。そのなかには「好き・嫌い」の嗜好特性も形成されていくため、運動や遊びの提供の仕方を間違えてしまうと「運動は嫌い」という負の結果を生ずる危険性もある。そのため、幼児期における運動は、子ども自身が「楽しい」と思いながら活動することが最

も重要なポイントとなる。保育や親子遊びの際には、子どもの表情を観察しながら、遊びを見守ることがおとなの役割である。

また、多様な動きの獲得には、ある程度の活動時間を確保することも大切である。一般的に幼児はいろいろな活動に興味や関心をもちやすいため、時には1つの遊びにとらわれず、自発的に遊びを次々と変えていくことも多くみられる。こんな行動も結果として身体活動を習慣化させ、多様な動きの経験と獲得につながる。

ポイント3 発達の特性に応じた遊びを提供すること

幼児期は発達の特性に合った遊びをすることで、運動機能が一層向上する。運動ができる喜びを感じ取ると自己有能感が育まれ、体を使った遊びに意欲的、自発的に取り組むようになる。しかし、無理な課題を遊びとして提供すると失敗体験が積み重なり、自己有能感が高まらないため、発達の程度に応じた適切な遊びの提供が大切になる。

4 ── 効果的に指針を推進するための配慮

幼児期運動指針には、効果的に指針を推進するために、次のようなことに配慮するよう記載されている。

(1) 一人一人の発達に応じた援助をすること

幼児期は、同じ年齢であってもその成長の個人差は大きい。特に4月生まれと3月生まれの子どもではほぼ1年間の差があることになるが、同じクラスで集団生活を送っている。体や動きだけでなく、好む遊びにも個人差があるため、保育者は可能な限り一人一人のニーズを考慮した遊びの機会の提供を行うとよい。

(2) 幼児が思わず体を動かしたくなる環境の構成を工夫すること

幼児自身が自発的に体を動かしたくなるように、園庭、廊下、遊戯室などに幼児が興味や関心をもちそうな遊びのしかけを設定することも工夫の一つである。たとえば、ケンケンパやいろいろな線（ライン）を描いたり、のぼり棒や雲梯（うんてい）に目標となる動物のシールを貼っておくなどして、意欲や興味を喚起する。このようなしかけは、園や家庭の環境に合わせて創意工夫をこらす必要がある。また、天候の影響などで長期にわたって戸外で遊べないことがあるので、室内の工夫も必要となる。保育者や保護者のアイデアをうまく

(3) 安全に対する配慮をすること

　活動中は、幼児の動きに合わせて保育者が必要に応じて手を添えたり見守ったりし、安全を確保するとともに、幼児に周辺の状況を気づかせるなど、安全に対する配慮が求められる。また、固定遊具や遊び用具（スコップ、なわとび、ボール等）の安全な使い方を遊びのなかで確認し、ルールとして定着させるようにする。固定遊具の定期的な点検や危険な場所のチェックも欠かすことはできない。

　身体活動には多少のけがはつきものであるが、大きなけがや事故につながらないよう子どもの動線に配慮した環境を整備することはおとなの役割である。

(4) 家庭や地域にも情報を発信し、ともに育てる姿勢をもてるようにすること

　「毎日、合計60分以上の運動」を続けて実践するためには、園の取り組みだけでは困難であり、とりわけ土日祝日は家庭中心の生活になるため、保護者の取り組みと援助が不可欠である。また、安全対策や見守りといった観点からは地域の理解と協力も重要であるため、園が中心となって、保護者や周辺地域に対する積極的な情報提供が求められる。具体的には、心身の発育・発達に関する情報や子どもが楽しむことができる親子遊び、戸外遊びに関する情報を提供したり、あるいは、保育終了後の園庭開放、危険な場所を示したマップの作成などがある。

第3節 ● 幼児期における運動遊びの効果

　これまでの幼児を対象とした数々の研究・調査を通して、幼少期の運動遊び（以下、遊びという）の効果は、体力や運動能力に対してだけでなく、社会性の発達や脳の発達など、さまざまな側面に好影響を及ぼすと報告されている。

　それでは幼児の遊びは、どのような好影響をもたらすのかについて具体的に述べる。

第4章 ●幼児の健康維持・増進のための身体活動

1 ── 体力・運動能力が向上する

(1) 巧みさが向上する─神経機能─

　運動発達の特性を考えると、神経機能の発達が著しい幼児期は、運動を調整する能力（平衡性、敏捷性、巧緻性、協応性等）が顕著に向上する時期である。したがって、この時期にはまず自己の身体をコントロールする能力である調整力を高めることが大切である。そのためには積極的に多様な遊びを体験し、さまざまな動作に対応する能力を獲得するように心がける必要がある。いろいろな経験を積み、多様な動作を習得した子どもほど巧みな動きが可能となる。

　忘れてはならないことは、この神経機能の発達は20歳を100とした場合、5歳頃までに80％の成長を遂げ、10歳でほぼ100％になるということである（p.29、図2−1参照）。つまり、この時期での健全な発達を逃すと、それ以降いくら努力してもなかなか成果が出ない機能といえる。したがって、幼児には常に多種多様な運動刺激を与えて、脳を始めとして体内にさまざまな神経回路を複雑に張りめぐらせていく必要がある。一般的にいわれる「運動神経のよい子」「運動音痴な子」というのは幼児期にどれだけいろいろな身体活動を経験したかによって決定されてしまうといっても過言ではない。

(2) 基本的動作がスムースにできる

　文部科学省調査における3年間の取り組み（p.71、第2節1参照）のなかで、最も向上した動きが「走る・投げる・転がる」といった基本動作であった。図4−7は、各基本的動作の動作得点の平均値を1年目、2年目、3年目の順に示している。基本的動作の得点は、移動系動作の「走る」「跳ぶ」、操作系動作の「投げる」「捕る」、平衡系動作の「転がる」「平均台を移動する」において、1年目、2年目、3年目と実践活動を重ねるにつれて増大することが明らかになった。

　つまり、園を中心に体を使った遊びにしっかり取り組むことによって子どもの動作が洗練され、未熟な動きから洗練した動きへと発達していくのである。この時期に基本的動作を洗練させることにより、動く楽しさや運動に対する意欲も増すため、幼児期の運動がその先のより複雑な動きの遊びやスポーツの登竜門となる。

(3) 小学生以降も高い体力を維持できる

　文部科学省調査では、体力向上に積極的に取り組んだ幼稚園・保育所（実

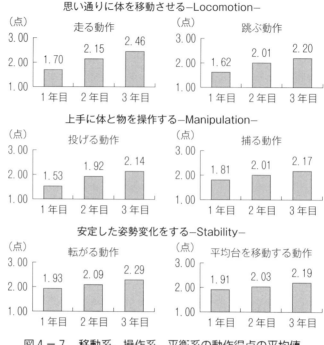

図4-7 移動系、操作系、平衡系の動作得点の平均値
出所：文部科学省調査

践園）を卒園し、その後、小学校へ進学した子どもを追跡調査した。小学校での新体力テストの総合得点を実践園卒とそれ以外の園卒の子どもとで比較した結果、実践園卒の子どものほうが大きく優れていた（図4-8）。また、同じ子どもの活動量を幼稚園と小学校のときでみると有意な関連が認められており、幼児期によく動く習慣を身につけると小学校へいっても活発な子のようである。

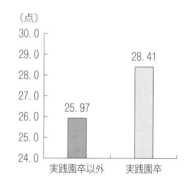

図4-8 新体力テストの合計得点
出所：文部科学省調査

このように、幼児期における地道な取り組みはゆっくりと大輪の花を咲かせることになるので、子どものまわりにいる保育者や保護者は結果をすぐに求めることなく、継続的な外遊びの推進と習慣づくりに努めることが大切である。

(4) 大けがをしないための危険回避能力が向上する

日本スポーツ振興センター「学校の管理下の災害―基本統計―」（負傷・疾

第4章●幼児の健康維持・増進のための身体活動

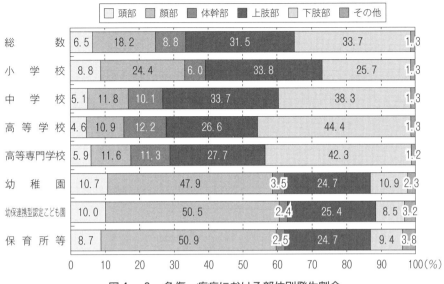

図4-9 負傷・疾病における部位別発生割合
出所：日本スポーツ振興センター「学校の管理下の災害―基本統計―（負傷・疾病の概況）」2013年

病の概況）」（2016［平成28］年）によると、幼稚園・保育所の保育時間と通園時間における負傷部位は、頭部と顔部が上肢部と下肢部を上回っており、乳幼児は頭部・顔面の負傷率が高い（図4-9）。また、最近の子どもは転んだときに手をつけなかったり、転び方が下手になったりしているという報告が多くみられる。

　幼児にとって戸外での遊びは、不安定な場所を移動したり、姿勢変化を繰り返したりすることの連続である。そのような状況のなかで、幼児は身体のバランスをとり、姿勢を維持する感覚を身につけていく。もちろん、しばしば転んだり、ぶつかったりすることもあるが、徐々に身のこなしを体得するとともに、周辺視野を広げながら次に起こる状況を予測することも可能となる。危ないからというだけの理由で、子どもの行動を制限することには問題がある。

(5) 力強さが向上する―筋機能―

　幼児期は、筋機能（筋力や筋持久力）が大きく発達する時期ではない。したがって、おとなのように筋力向上のための特別なトレーニングを行う必要はないと考えられている。しかし、最近は筋力の発達不足（極端な活動不足）による痩身児の問題も指摘されている。つまり、特別なトレーニングは必要ないが、日頃の遊びの結果としてもたらされる適度な筋機能の発達は重要といえる。それによって、年齢に合った遊びを十分に楽しむことが可能となっ

て遊びのバリエーションも増えていく。

(6) 持続力が向上する──呼吸循環機能──

最近、少し動いただけで、すぐに「疲れた」「もう動けない」などという子どもが増えたと実感している保育者も少なくないだろう。おとなに甘えてこのようなことを言っているのであれば心配ないが、最近の子どもは本当に疲れやすくなっているのかもしれない。人間が長く動き続ける（活動し続ける）には、心臓、肺、血管の働きによる呼吸循環機能が優れていなければならないが、極端に運動不足であると、この機能による血液運搬能力も健全に向上しない。

運動プログラムを積極的に取り入れている幼稚園の子どもとさほど取り入れていない幼稚園の子どもの最大酸素摂取量（全身持久力の指標の一つ）を比較した研究では、前者のほうが持久力に優れているという報告もある。つまり、日頃から遊びを多く取り入れることによって、子どもの身体活動の持続力はアップするのである。

2 ── 丈夫で健康的な体になる

(1) 良好な体調を維持することができる

保育現場では、朝から眠気やだるさを訴えたり、ぐずぐずしたりする子どものみならず、精神的な疲労症状を訴える子どもも増加している。朝の体温が36℃未満の低体温の子どもが増えていることが原因の一つともいえる。起床時の体温が低いと、脳や体の働きが鈍くなって、心身に不調が起きやすく、眠気やだるさ、頭痛や腹痛を訴えることが多いと報告されている。18日間継続して午前中に2時間の体を使った遊びを取り入れた研究では、低体温児の大幅な減少がみられている（図4-10）。また、毎日の歩数が多い子どもは、不活発な子どもに比べて疾病罹患率が低く、健康的な生活を送っている率が高いという報告もある（図4-11）。

(2) 骨が丈夫になる

骨の強度を高めるには、骨への物理的な刺激が適度に必要である。歩く、走るといった運動は骨に刺激を与えるため、運動をすることで骨は丈夫になる。また、栄養素としては、カルシウムとその吸収を促進させるビタミンDが必要である。ビタミンDは、皮膚に適度な紫外線を浴びることによってつくられるため、日光に当たる外遊びが大切になる。いくらよい食材をそろえ

第4章●幼児の健康維持・増進のための身体活動

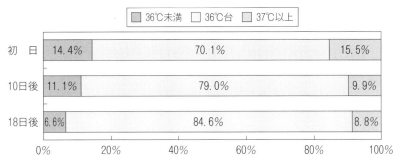

図4−10 5歳児181名に対する18日間の運動実践による体温区分割合の変化
出所：前橋明「子どものからだの異変とその対策」『体育学研究』第49巻第3号　日本体育学会　2004年　p.203

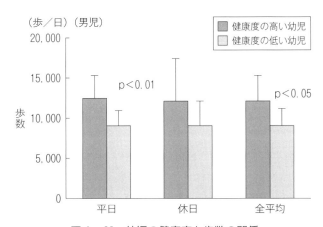

図4−11 幼児の健康度と歩数の関係
出所：加賀谷淳子「幼児の身体活動量と運動強度」『体育の科学』第58巻第9号　杏林書院　2008年　p.605

ても、上手に調理をしなければおいしい料理ができないのと同じで、骨の生成には十分な栄養素をとることも大切であるが、それ以上に適度な運動が必要不可欠である。

(3) バランスのとれた身体が形成される（肥満・やせ予防）

　文部科学省「平成22年度学校保健統計調査」によると、わが国の肥満傾向児の割合は1977（昭和52）年以降、毎年増加傾向にあったが、2003（平成15）年以降はやや減少傾向にある。一方で、最近は痩身傾向児が増加傾向にある。図4−12は、肥満度別にみた幼児体力テストの結果を偏差値で示しているが、肥満度が−15％未満の痩身傾向児と＋20％以上の肥満傾向児は、ほとんどのテストで大きく平均（50.0）を下回っており、総合的な体力も標準児よりも低いことがわかる。筋力の指標である握力の結果では、痩身傾向児は著しく劣っていることから、筋力の発達不足がうかがえる。この理由の一つに運動

第Ⅰ部　理論編―保育における領域「健康」の理解―

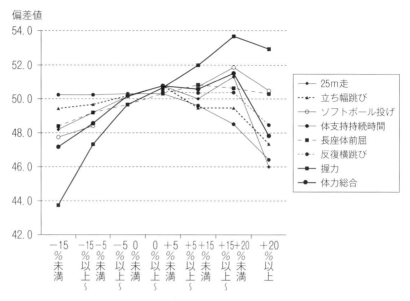

図4-12　肥満度別にみた幼児体力テストの結果
出所：Kosho Kasuga, Kazuo Oguri, Takahiro Nakano, et al.：Characteristic of physical fitness according to level of obesity index among young children, Japaness Society of Education and Health Science, 2012.

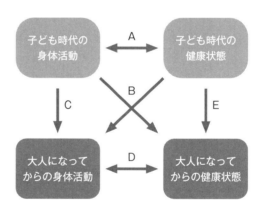

図4-13　子どもと大人における身体活動と健康の関係
出所：文部科学省「幼児期運動指針ガイドブック～毎日、楽しく体を動かすために～」2012年

不足による筋肉の未発達があげられる。特に若い世代ではやせ願望が根強いようだが、幼児期からの極端なやせは、体力のみならずさまざまな悪影響をもたらすことを忘れてはいけない。

(4)　小児生活習慣病予防だけでなく、大人になってからも大きな効果がある

　幼児期での生活習慣病の罹患はほとんどみられないが、この時期に遊びを通して身体活動を習慣化させることは、生涯を通じた健康的で活動的な生活

習慣の継続に貢献する可能性が高いため、成人後に運動不足が原因で生活習慣病になる危険性は小さくなると考えられている。図4－13の矢印A・Dは、現在の身体活動が現在の健康状態に関係があることを示しており、現在の身体活動が多ければ、健康状態も良好であるということである。一方、矢印B・C・Eは、子ども時代の身体活動や健康状態が、大人になっても影響を及ぼすことを示している。

3 ── 意欲的に取り組む心が育まれる

(1) 意欲的な性格が形成される

一般的に運動といえば、身体的な側面（からだ）への効果のみと考えられがちだが、実は多くの研究や調査によって精神的な側面、とりわけ性格特性（パーソナリティ）、性格形成への影響も明らかにされている。

文部科学省調査においても実践園がさまざまな特色ある運動（遊び）プログラムを実施したことにより、実践3年目には「いつもやる気がある」子ども、「いつも一つのことに集中できる」子どもの割合が増加した（図4－14）。また、他の大規模な調査においても、体力の高い幼児ほど積極性や粘り強さがあると報告されている。

図4－15は、幼児の性格特性と運動習慣との関係を示している（クラス担任の保育者が回答）。「（園で）体を活発に動かす」と「やる気」の関係において、体を活発に動かす頻度が高い幼児ほど不活発な幼児に比べて「いつも」やる気がある比率が高くなっている。また、「（園での）遊び場所（室内か戸

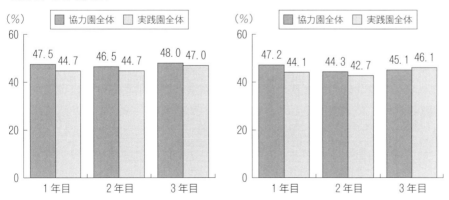

図4－14 保護者への聞き取り調査─お子様の性格について─
出所：文部科学省調査

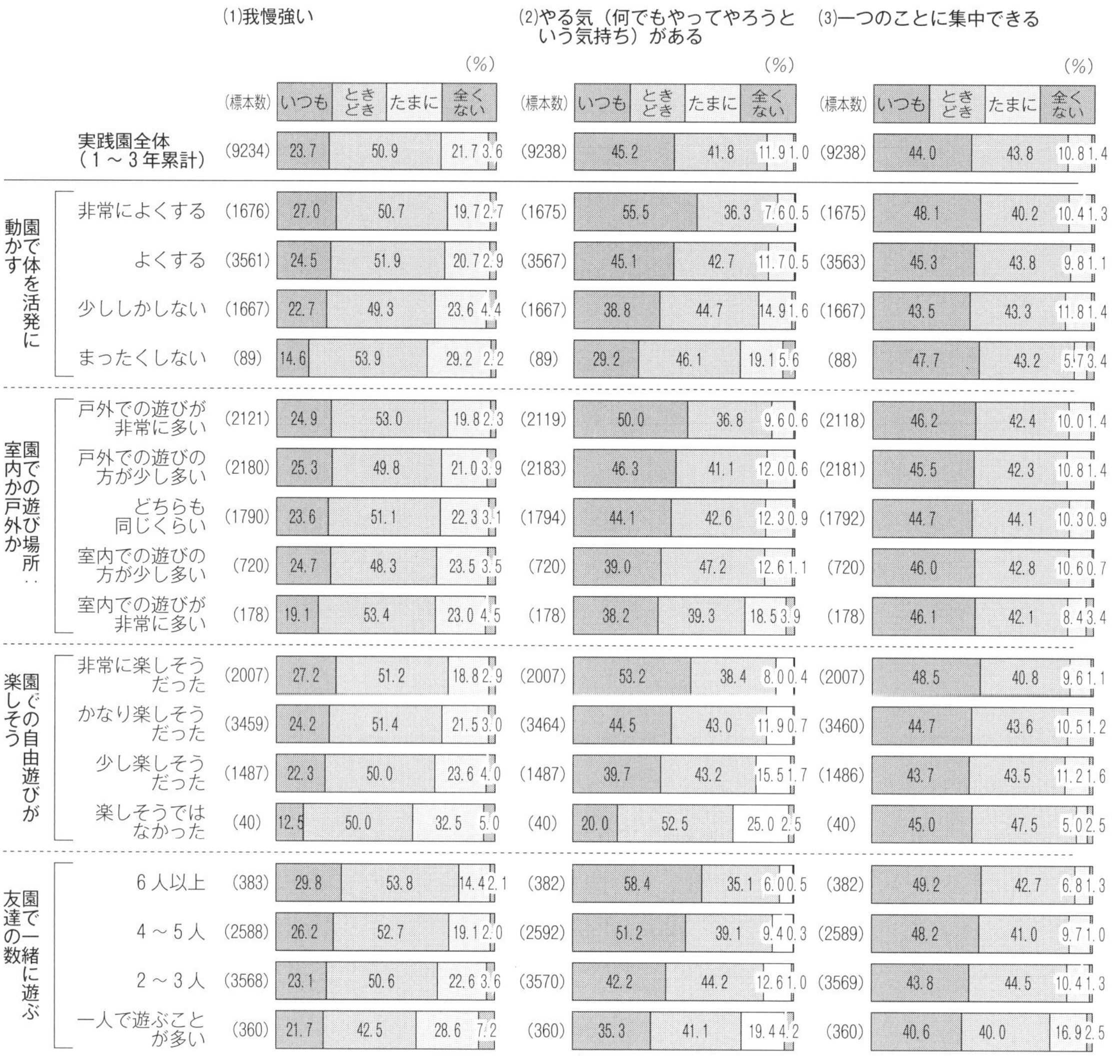

第Ⅰ部　理論編―保育における領域「健康」の理解―

図4-15　幼児の性格と運動習慣との関係
出所：文部科学省調査

外か）」との関係においても「いつも」やる気がある幼児の比率は、「室内での遊びが非常に多い」では38.2％であったのに対して、「戸外での遊びが非常に多い」では50.0％であり、戸外遊びの頻度が高い子どもほどやる気がある性格を有している傾向がみられる。また、やる気は一緒に遊ぶ友だちが多いほど高い傾向にあった。これらのことからも、戸外で多くの友だちと元気よく遊ぶことが何事にも前向きに取り組める心の育成に貢献するといえるだろう。

(2)　運動有能感が高まる

　運動や身体活動を通して課題が達成できた経験から「（運動に対して）自分

はできる」という感覚や自信のことを「運動有能感」という。この運動有能感は、幼少期における遊びの経験を通した成功体験によって基礎がつくられ、その後、運動やスポーツ活動を通して個人の運動有能感は形成される。高い運動有能感をもつことができると、運動に対する自信がもて、自ら積極的に遊びに参加するようになる。したがって、幼児期から遊びを通して多様な動作を獲得し、成功や上達の体験を積ませることが大切であり、また、周りのおとなは、子どもの「できた」に気づき、ほめたり、認めたりしてあげることが重要である。有能さを認知し、自己概念を形成するこの時期に、子どもがどのような運動経験をするかということが、その後の運動の好き嫌いにも大きな影響を与える。

(3) 感情のコントロールができる子ども（キレない子ども）になる

遊びは脳の興奮につながり、興奮過程と抑制過程の両面を形成することで、豊かな情動（意欲）と感情の抑制力（キレない）を育む一端を担っている。

文部科学省調査の「ちょっとしたことでイライラする」「ちょっとしたことでかっとなる」に関する分析では、いずれも「毎日テレビを見る時間をきちんと守る」「毎朝園に楽しそうに出かける」子どものほうがイライラやかっとなることが少ないことが明らかとなった（図4-16）。この結果から、家庭では規則正しい生活習慣、そして園では、子どもが毎日の保育活動に期待をもたせながら楽しく登園できるような園にすることが重要である。こころとか

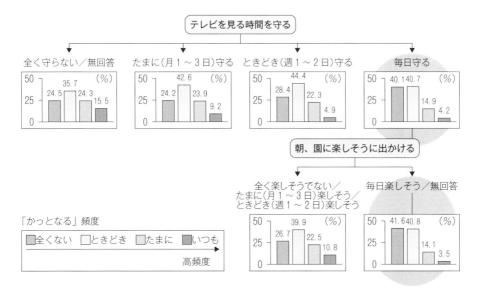

図4-16 「テレビを見る時間を守る」「楽しく登園する」と「かっとなる」頻度との関係
出所：文部科学省調査

第Ⅰ部 理論編—保育における領域「健康」の理解—

らだの健全な発達に寄与するという点からも、幼児にとって保育施設や保育者の役割は非常に重要といえる。

4 —— 社会適応力が発達する

(1) 協調性が養われ、コミュニケーション能力が高まる

幼児の体力と友だち関係との関連を調べた調査によると、男女ともに体力得点の高い子どもほど「友だち関係」が良好で、「社交的」であった（図4－17）。また、別の調査では、「誰とでも仲良くでき、協調性がある」子どもほ

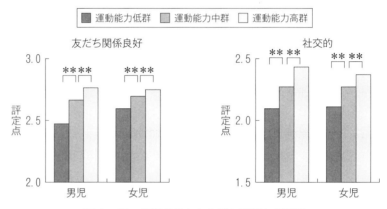

図4－17　幼児の体力と友だち関係との関連

注：＊は1％水準で有意な差
出所：杉原隆・吉田伊津美・森司朗他「幼児の運動能力と運動指導ならびに性格との関係」
『体育の科学』第60巻第5号　杏林書院　2010年　p.346

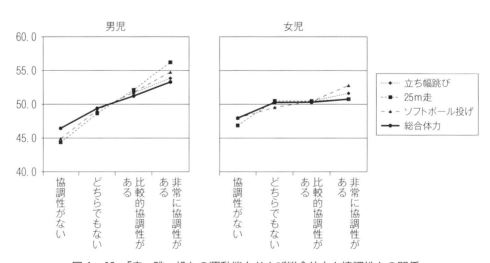

図4－18　「走・跳・投」の運動能力および総合体力と協調性との関係

注：値はTスコア
出所：春日晃章「子どもの活動と性格の育ち」『子どもと発育発達』第8巻第2号　杏林書院　2010年　p.96

第4章●幼児の健康維持・増進のための身体活動

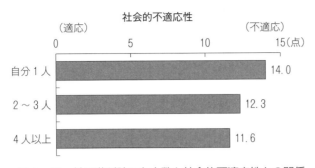

図4-19　外で遊ぶ時の友人数と社会的不適応性との関係
出所：丹羽劭昭「子どもの力─情緒の安定と社会性の育成を─」『子ども
　　と発育発達』第1巻第3号　杏林書院　2003年　p.191

ど、「走・跳・投」の運動能力と総合体力が高い値を示していた（図4-18）。一方、外で遊ぶときの人数と「社会不適応性」の関連では、多くの友だちと遊んでいる子どもほど社会不適応性の値は小さいという結果が報告されている（図4-19）。

　幼児期は、多くの友だちと群れて遊ぶことによって、そのなかでルールを守り、自我を抑制し、コミュニケーションをとり合いながら、協調する社会性を獲得していく。また、5、6歳になるとリーダーシップをとれる幼児も増え、グループ内での役割を認識した行動ができるようになる。特に、ルールのある伝承遊び、集団遊び、スポーツは社会性の未成熟が問題となっている現代の子どもにとって、とても効果的といえるだろう。

(2) 前頭葉に好影響を及ぼす

　前頭葉には、前頭前野、運動野、運動前野がある（p.41、図2-6参照）。もちろん、運動野、運動前野は、運動の遂行や運動の準備に重要な役割を果たす部位である。前頭前野は、ヒトの言葉、感情、意欲をつくり出したり、情動や衝動を抑制したりする働きをする。また、一つのことに打ち込む集中力も前頭前野の働きである。

　近年、脳科学の進歩とともに子どもの前頭葉の働きが弱くなっていることが指摘され始めた。幼少期において鬼ごっこや、ドッジボールなどで必死に逃げたり、作戦を立てたり、攻撃するなどして、一生懸命に頭を使って遊ぶ機会が減ったことが原因の一つではないかといわれている。幼児期の全身を使った遊びは、体を巧みに動かすことで脳に多くの情報がもたらされ、前頭葉の活性化にもつながると考えられている。さらに、集団遊びは仲間との心身のふれ合いを増やすので、抑制や興奮をコントロールする機会が多くなり、前頭前野の機能を高めることが示唆されている。

(3) 空間認識能力が形成される

　空間認識能力とは、三次元空間のなかにある物体の状態（位置、方向、間隔、速さ等）を素早く正確に把握する能力のことである。運動やスポーツの場面では、この能力が非常に大きな役割を担っている。たとえば、バレーボールでアタックを打つとき、まず、セッターがトスしたボールのスピード、角度、軌道を瞬時に把握し、自分のジャンプが頂点に達するときのボールの位置を予測し、それに合わせてジャンプとアタック動作を行う。この動作では、視覚、聴覚などの感覚器からの情報を脳が制御し、身体を適応させており、空間認識能力が大きく関係している。

　この三次元空間における認識能力は、野原や野山をかけまわることでも自然に身につくのだが、現代の子どもは、大自然のなかで遊ぶことが少ない。したがって、園庭や公園でさまざまな遊び、とりわけボールなどの道具を用いた遊びを通して、動作を繰り返し反復することでこの能力を向上させたほうがよい。

●学びの確認
①幼児期から健康的な生活習慣を形成するために、保育者が保育を通して援助できることを考えてみよう。
②幼児期における運動遊びの効果についてまとめてみよう。
●発展的な学びへ
①幼児の身体的、精神的、社会的な側面を育む運動遊びを考案してみよう。
②運動遊びの場面において、子どものやる気を引き出すために保育者が留意しなければならないことを考えてみよう。

参考文献

文部科学省「体力向上の基礎を培うための幼児期における実践活動の在り方に関する調査研究報告書」文部科学省　2011年
日本体育協会監修『アクティブ・チャイルド60min―子どもの身体活動ガイドライン―』サンライフ企画　2010年
文部省体育局『子育ての中の基礎体力つくり』第一法規出版　1979年
出村愼一監修『幼児のからだを測る・知る―測定の留意点と正しい評価法―』杏林書院　2011年
黒木義郎「"脳"の活動水準からみた今の子どもたちの神経系」『コーチング・クリニック』1999年2月号　ベースボール・マガジン社　pp.10-13
加賀谷淳子「子どもを丈夫に育てる生理学的背景と方法」『体育の科学』第45巻第5号　杏林書院　1995年　pp.385-387
勝部篤美「子どもの運動遊びと調整力の発達」『体育の科学』第31巻第5号　杏林書院　1981年　pp.312-315

小林寛道他『幼児の発達運動学』ミネルヴァ書房　1990年

小林寛道・脇田裕久・桜井伸二他「幼児の筋力、運動能力、調整力およびAerobic Powerの追跡的研究—健康・体力つくりカリキュラムの影響について—」『体育科学』第11巻　体育科学センター　1983年　pp.144-160

宮下充正「子どもの身体活動能力と教育」『子どもと発育発達』第4巻第1号　杏林書院　2006年　pp.45-51

阿江通良「幼少年期に身につけておくべき基礎的動きとは何か」『臨床スポーツ医学』第24巻第11号　文光堂　2007年　pp.1147-1150

米山京子・池田順子「幼児の生活行動および疲労症状発現度との関係」『小児保健研究』第64巻第3号　日本小児保健協会　2005年　pp.385-396

加賀谷淳子「幼児の身体活動量と運動強度」『体育の科学』第58巻第9号　杏林書院　2008年　pp.604-609

日本肥満学会編『小児の肥満症マニュアル』医歯薬出版　2004年

Kosho Kasuga, Kazuo Oguri, Takahiro Nakano, et al.：Characteristic of physical fitness according to level of obesity index among young children, Japanese Society of Education and Health Science, 2012.

馬場礼三「運動しない子どもはどうなるのか」『体育の科学』第58号第5号　杏林書院　2008年　pp.305-310

Boreham, C., and Riddoch, C.：The physical activity, fitness and health of children. *J Sports Sci*, 19, pp.915-929, 2001.

杉原隆「幼児の運動あそびに関する有能さの認知とパーソナリティの関係」『体育学研究』第30巻第1号　日本体育学会　1985年　pp.25-35

森司朗「幼少年期における運動の好き嫌い」『体育の科学』第53巻第12号　杏林書院　2003年　pp.910-914

田口雅徳・桜田さおり・寺薗さおり他「幼児における睡眠習慣と攻撃的行動傾向との関連」『保健の科学』第48巻第3号　杏林書院　2006年　pp.225-229

篠原菊紀『キレない子どもの育て方』集英社　2008年

丹羽劭昭「子どもの力—情緒の安定と社会性の育成を—」『子どもと発育発達』第1巻第3号　杏林書院　2003年　p.190, 191

丹羽劭昭「子どもの運動遊びと社会性の発達」『体育の科学』第31巻第5号　杏林書院　1981年　pp.329-333

杉原隆・吉田伊津美・森司朗他「幼児の運動能力と運動指導ならびに性格との関係」『体育の科学』第60巻第5号　杏林書院　2010年　pp.341-347

春日晃章「子どもの活動と性格の育ち」『子どもと発育発達』第8巻第2号　杏林書院　2010年　pp.94-99

志村正子・原田直子・平川慎二他「幼稚園児における運動・遊び経験と運動能力および前頭葉機能との関連性—横断的検討ならびに遊びによる介入—」『発育発達研究』第37号　日本発育発達学会　2008年　pp.25-37

前橋明「子どものからだの異変とその対策」『体育学研究』第49巻第3号　日本体育学会　2004年　pp.197-208

コラム4

運動やスポーツについて「話す」だけでも効果あり

　自分自身の運動やスポーツ経験が乏しいと、子どもをどうしたら活発にすることができるかと悩むことも多い。実は、家庭で運動やスポーツについて話題にするだけでも、子どもの運動習慣や体力に高い効果が認められている。小学生の場合、週1回以上スポーツについて家族で話す家庭の子どもは、週1回未満の子どもより、男女ともに総運動時間が大きく上回っている。さらに、週1回以上スポーツについて話す家庭の子どもは、男女ともに体力が全国平均を上回り、反対に、週1回未満の場合は、体力が全国平均以下であった。忙しくてわが子と遊ぶ時間をつくることは難しくても、一緒にお風呂に入っているときや夕飯を食べているとき、ちょっとした時間をみつけては、体を動かすことや運動・スポーツの話をしてみるとよい。

　園においては、子どもたちに絶大な影響力をもつ保育者が、運動遊びやスポーツについて子どもたちと定期的に話せば、間違いなく、子どもたちは運動遊びやスポーツに興味を示し、運動習慣も身につき、高い体力レベルに成長すると思われる。また、「話す」より「見る」ほうがさらに大きな効果が生まれるという調査結果もある。オリンピックや各種日本代表戦などの試合は、子どもと一緒にテレビ観戦することで、効果が大きくなるであろう。

　幼い時期から関心をもたせることによって、行動変容につなげていくことが大切である。生涯の健康維持のために、家庭でも園でも、運動遊びやスポーツに関心や興味をもたせるちょっとした工夫をしてみよう。

第5章 保育における運動指導と留意点

◆キーポイント◆

　幼児期は、日々の生活のなかでさまざまな遊びを通していろいろな動きを身につけ、動作がうまくなっていく。いろいろな種類の動きを獲得するには、たくさんの動きを経験する必要があり、動作がうまくなるためには、何度も繰り返して行うことが必要となる。

　特に、生活時間が長い幼稚園や保育所等においては、友だちや保育者とかかわり合いながら、動きを獲得し、体力や運動能力を高めていく。しかし、子どもは体力や運動能力を高めようと思って遊んでいるのではない。楽しいから、おもしろいから遊ぶのである。そのため、保育者は子どもの発育を考慮し、園庭遊具や用具、身近にあるものを工夫して、子どもたちが楽しみながら運動遊びを行える環境を構成しなければならない。

　本章では、まず、幼児期に身につけたい基本的動作および動作獲得の年齢による特徴について解説する。次に、さまざまな動作を身につける方法として、手具を使った遊びや伝承遊びを紹介し、続いて運動プログラム作成上の注意点を示す。ここで紹介するものは一例であり、これらを参考に、幼稚園や保育所等の環境に合わせたプログラムづくりを行ってほしい。

第1節 ● 幼児期に身につけたい基本的動作

1 ── 基本的動作とその分類

　基本的な動作を身につける（覚える）のは小脳の重要な働きであり、幼児期は脳を含めた神経系の発達が著しい。つまり、幼児期は、基本的動作を身につける最も適した時期であり、特別で「決定的」な時期といえる。決定的であるということは、その時期を失すると、その動作を獲得することができなくなってしまうか、あるいは極めて困難になることを意味する。

　基本的動作とは、「走る」「跳ぶ」「投げる」「蹴る」など、動作語で示すことができるもので、幼児の自由遊びの観察から、大きく「安定性」「移動動作」「操作動作」の3つのカテゴリーに大別される（図5－1）。「安定性」は

第Ⅰ部　理論編—保育における領域「健康」の理解—

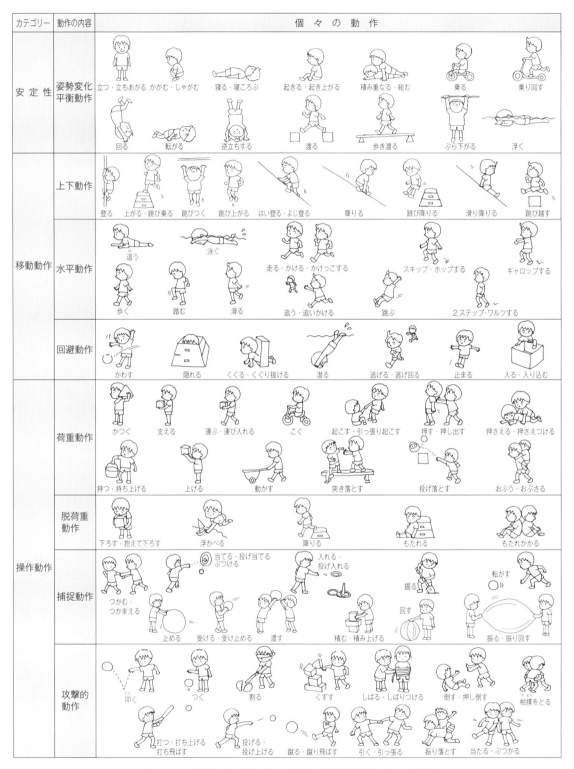

図5-1　幼児の自由遊びにみられる基本的動作とその分類
出所：近藤充夫監修『新版改訂　乳幼児の運動あそび』建帛社　1999年　p.35

すべての動きのベースとなっており、「立つ」「しゃがむ」「転がる」などであり、「移動動作」は「歩く」「走る」「はう」など水平方向への移動や、「登る」「跳ぶ」など垂直方向に移動するものが該当する。また、「操作動作」は「投げる」「打つ」「蹴る」などの動作が該当する。保育者は日頃の保育において、3つのカテゴリーに含まれる動作を子どもたちにバランスよく体験させる必要がある。

2 ── 幼児期における年齢別にみた運動のあり方

(1) 運動の発達の特性と動きの獲得

前述の通り、幼児期は基本的動作を身につける最適な時期であるが、基本的動作の習得については2つの特徴がある。1つ目は加齢とともに獲得する動きが増大する「動きの多様化」である。これは、体を動かす遊びや生活経験などを通して、やさしい動きから難しい動きができるようになったり、1つの動きから多様な動きができるようになることを示す。

2つ目は加齢とともに基本的な動きの運動のしかたがうまくなる「動きの洗練化」である。3～4歳頃は、動きに「力み」や「ぎこちなさ」がみられるが、適切な運動経験を積むことによって、加齢に伴って無駄な動きや過剰な動きが減少して、動きが滑らかになり、目的に合った合理的な動きができるようになる。

(2) 動作獲得の年齢的特徴と経験させたい動作

① 3～4歳頃

家庭や幼稚園・保育所等での生活、身体を使った遊びの経験をもとに、未熟ながらも基本的な動きが一通りできるようになる。また、徐々に自分の体の動きをコントロールしながら、より巧みな動きを獲得することができるようになっていく。そこで、この時期には、遊びのなかで多様な動きを経験でき、自分から進んで何度も繰り返すことにおもしろさを感じられるような環境を構成することが重要になる。

また、この時期の子どもには、園庭にあるすべり台、ブランコなどの固定遊具や、室内でのマットなどを使って遊ぶことにより、安定性（立つ、座る、転がる、渡る、ぶら下がるなど）や移動動作（走る、跳ぶ、登る、はう、すべるなど）を多く含む遊びを経験させるのがよい（図5－2）。

② 4～5歳頃

友だちと運動することに楽しさを感じ、遊び方を工夫しながら、多くの動

第Ⅰ部　理論編―保育における領域「健康」の理解―

マットなどを用い、転がって遊ぶ　　園庭にある固定遊具を使って遊ぶ

図5-2　3～4歳の頃に経験させたい動作

縄跳び遊び　　三輪車遊び　　ゴールに向かってボールを蹴る

図5-3　4～5歳の頃に経験させたい動作

きを経験することを通して、今までに行った基本的な動きが定着し始める。特に全身のバランスをとる能力が発達し、身近にある用具を操作するような動きもうまくなっていく。また、遊びを発展させ、自分たちでルールをつくることにおもしろさを見出したり、保育者の動きをまねたりすることに興味を示すようになる。

　この時期の子どもには、縄跳びなど、体全体でリズムをとる遊びや、ボールや三輪車などを使った遊びを中心に操作動作（運ぶ、投げる、捕る、蹴る、こぐなど）を多く含む遊びを経験させるのがよい（図5-3）。

③　5～6歳頃

　それまでの経験や得た知識から遊びを発展させたり、友だちと共通のイメージをもち、目的に向かって集団で行動するようになる。また、全身運動が滑らかで巧みになり、全力で走ったり、跳んだりすることに心地よさを感じるようになる。

　この時期の子どもには、ボールをつきながら走るなど基本的な動きを組み合わせた遊び、投げる・捕る・よける動きが組みこまれているドッジボール、

第5章●保育における運動指導と留意点

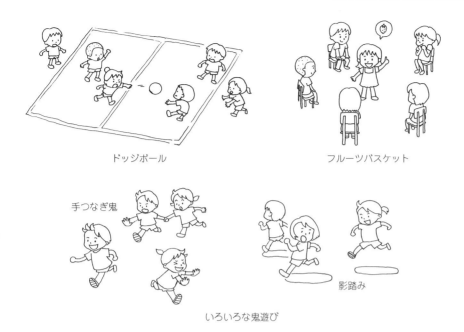

図5−4　5〜6歳の頃に経験させたい動作

集団のなかで他者の動きに合わせて遊ぶフルーツバスケット、鬼遊びなどの遊びを経験させることにより、安定性、移動動作、操作動作をより滑らかにできるようにするのがよい（図5−4）。

第2節 ● 運動指導の保育プログラム

1 ── 手具を使った遊び

運動遊びには、園庭の固定遊具や跳び箱、マットなどの器具以外にも、身近な素材で楽しみながら、体力や運動能力を高めることができるものもある。ここでは、布とプラスチックペレットで作製する「大お手玉」と、水道のホースを材料にした「ホースフープ」のつくり方と遊び方を紹介する。

(1) 大お手玉を使った遊び

① 大お手玉のつくり方

直径20cm程度の円形の布2枚をミシンで縫い合わせて袋をつくる。そのなかに、クッション用ペレットを150g入れ、縫い合わせて閉じる。

大お手玉

② 大お手玉の遊び方

● **バランスをとる**

立った状態で、大お手玉を頭の上にのせてバランスをとる。また、片足を上げる、座る、立ち上がるなどの動きを取り入れる。次に、頭の上にのせた状態で、落とさないように注意して歩く。徐々に速く歩くようにする。

頭にのせてバランスをとる様子
さまざまな動きを行うことにより、平衡感覚を高めることができる。

● **投げる、捕る**

大お手玉を両手で真上に投げ上げてキャッチする。大お手玉が上空にある間に、素早く手をたたいたり、回転する（その場で360度回転や前転）などの動きを入れる。キャッチボールをする際、普通のボールと異なり、捕るときに手に絡みついてくるので、はじいて落とすことは少なく、導入に適している。最初は近くで投げ合い、慣れてきたら少し距離をとって投げ合う。

高く投げ上げて、キャッチする遊び
投げ上げている間に、手を叩くなど動作に広がりをもたせて行う。

キャッチボールの様子
手に絡みつくためとりやすい。徐々に距離を伸ばしたり、スピードを高めることにより、投能力や巧緻性を高めることができる。

第5章 ●保育における運動指導と留意点

●**的をねらって投げる**

園庭の固定遊具や、跳び箱、巻いて立てたマットなどで的を設ける。その的をめがけて大お手玉を投げ当てる。投げる能力に合わせて投げる距離や高さを変える。保育者が両手にもったフラフープめがけて大お手玉を投げ入れる遊びも子どもが楽しめる遊びである。

●**障害物として使用する**

地面に置いた大お手玉を跳び越したり、よけて走る。また、平均台の上に置いてある大お手玉をよけて歩くことによって、活動に幅をもたせることができる。子どもの能力や様子をみながら、置く位置や数を変えてみるとよい。

フラフープ的入れの様子
フラフープの高さを変えたり、動かすことによって、難易度を変えることができる。

平均台に置いてある大お手玉をよけて歩く様子
環境に工夫を加えることによって、難易度が変わり、平衡感覚をより高めることができる。

(2) ホースフープを使った遊び

① ホースフープのつくり方

150cm程度のゴムホースを丸くし、輪にする。ホースを連結するには、別のホースを7cm程度の長さに切り、それを切り開いてホースの穴のなかに差し込めるように細く巻いたものをつくり、ホースの両端に差し込んで瞬間接着剤で固定する。さまざまな素材で作成できるが、ゴムホースを使う利点は大きい[※1]。

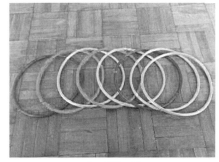

ホースフープ

※1　ホースフープは、プラスチック製のフラフープとは違い、やわらかい素材でできているため、踏んでも滑ったり、大きく移動することがない。

95

第Ⅰ部　理論編―保育における領域「健康」の理解―

② ホースフープの遊び方

● 握る、引っ張る

ホースフープを片手でもち、素材の感触を楽しみながら、繰り返し力強く握ったり、両手でもち、左右に引っ張って遊ぶ。

● 並べて跳ぶ、走る

ホースフープを地面に並べて置き、連続ジャンプやケンパ（またはグッパ）を行う。数やパターンを変えた

ホースフープを握っている様子
握力や上半身の力強さを高めることができる。

り、2チームに分かれてドンじゃんけんをするなど、バリエーションは豊富である。また、間隔をあけて並べたホースフープを踏まないようジグザグに走り抜ける遊びもできる。ホースフープを使えば、遊戯室のような狭い空間でも走る距離を伸ばすことができるうえ、身のこなしがよくなる。このような遊びは、主運動以外にも活用できる[※2]。

※2　跳び箱、平均台などの運動を行ってから、スタート位置に戻ってくる帰り道で行うことによって、時間と場所を効率よく使うことができる。

連続ジャンプをする様子
この遊びは、縄跳びや跳び箱の踏み切り動作にもつながる。

ジグザグに走り抜ける様子
間隔や数を変えることによって、動きに幅をもたせることができる。

● 三輪車遊びの障害物として使用する

三輪車のコース上に障害物としてホースフープを置き、その上を三輪車で乗り越えたり、よけて通る。子どもたちはホースフープを乗り越えるために、スピードを上げたり、力強くこぐために足に力を入れ、体を前のめりにするなど、遊びのなかで工夫がみられる。

● 投げる

※3　フライングディスクの基本的な投げ方の1つ。投げる方向に対して、横向きに構え、ホース（またはディスク）をもった腕が体を巻き込むようにし、さらに手首と肘を曲げ、地面と平行に投げ出す。

カラーコーンを的にして、輪投げをしたり、全身を使って遠くに投げて遊ぶ。投げる遊びをする場合、オーバースローばかりではなく、バックハンドスロー[※3]のように普段とは異なる投げ方を経験させることが大切である。

第5章●保育における運動指導と留意点

三輪車でホースフープを乗り越える様子
ホースフープを乗り越える遊びを通して、下半身の力強い動きができるようになる。

カラーコーンを的に輪投げ遊びをする様子
距離や的の大きさ、数を変えることにより、遊びに幅をもたせることができる。投げるときには方向に留意し、人に当たらないようにする。

●その他の使い方

さまざまな色のホースフープを床に置き、保育者が指定する色のホースフープを、誰が早くくぐれるかを競って楽しむ。また、自動車のハンドルに見立てて、歌に合わせて保育室をまわったり、数人で連結をして列車ごっこをすることもできる。さまざまな遊びを通して、子どもたちの想像力、発想力も広がる。

また、マット運動、跳び箱などの運動遊びをするなかで、複数の列に並ばせたいときに、ホースフープを列の先頭に置くと素早く並ぶことができ、指導の効率化につながる。

2 ── 伝承遊び

(1) 伝承遊びとは

伝承遊びとは、昔から受け継がれてきた日本古来の遊びであり、それぞれの遊びは地方によって呼び名や遊び方が異なる。

伝承遊びには、コマ回し、凧あげ、めんこ、けん玉、だるまさんがころんだなど、身体を使った遊びが多くあり、遊びのなかで知らず知らずのうちに、瞬発力や巧緻性が鍛えられる遊びが多い。たとえば、けん玉は手先の動きに加え、膝の屈伸を使うため、全身でバランスをうまくとることができるようになり、めんこは腕を大きく速く振ることによって投能力の向上につながる。

(2) 伝承遊びの種類

① 鬼遊び

色鬼、隠れ鬼、かくれんぼ、ケイドロ、氷鬼、うずまき鬼、ことろことろ、

十字鬼、手つなぎ鬼、オオカミさん今何時

② **集団遊び**

おしくらまんじゅう、ゴムとび、だるまさんがころんだ、だるまさんの１日、段ボール土手すべり、猛獣狩りに行こうよ！、フルーツバスケット

③ **玩具**

ベーゴマ、輪投げ、メンコ、凧あげ、お手玉、まりつき

④ **歌遊び**

１匹のねずみ、小さな庭、お寺のおしょうさん、おべんとうばこのうた、とんとんとんとんひげじいさん、グーチョキパーでなにつくろう、コロコロたまご

(3) 伝承遊びの展開例

表５－１～表５－３に伝承遊びの遊び方を示した。紹介する伝承遊びには

表５－１ うずまきじゃんけん

対象・人数	５歳児（10人程度～）
ねらい	・じゃんけんのルールを理解し、勝ち負けや、その結果に応じた反応を楽しむ。 ・チーム対抗で行い、仲間意識をもって協力したり、応援し合う充実感を味わう。 ・力いっぱい走る、急に止まる、切り返すなど状況に応じた動きに親しむ。
準備・環境	ラインマーカーや棒を使って、園庭の地面に大きなうずまきを描く※４。
遊び方	①外側チームと内側チームで、同数に分かれて待機する。 ②「よーいドン！」のかけ声と同時に、外側チームは中央に向かい、中央チームは外側に向かって進む（足が線から出たら外に出て、次の人が進む。外に出た人は自チームの最後尾に並ぶ）。 ③相手チームと出会ったらジャンケンをする。ジャンケンで負けた場合は外に出て、次の人が進み、勝った場合はそのまま相手陣地に進む。 ④相手陣地に足を踏み入れたチームが勝ちとなる。 ⑤①～④を繰り返す。

※４ うずまき型にすると場所が狭くても遊ぶことができる。また、負けてしまったときに、自分の陣地に戻るまでの距離が短くなり、少人数でも行いやすい。

対象年齢が示されているが、あくまでも目安であり、子どもの様子に合わせて内容を変えてほしい。

表5-2　あぶくたった

対象・人数	4歳児（10人程度～）
ねらい	・集団遊びで保育者や友達とふれ合うことを楽しむ。 ・何度も繰り返し遊ぶことを楽しんで、ドキドキする感覚を味わう。 ・身近な生活のなかの言葉やリズムに親しむ。
準備・環境	園庭（広めの教室や遊戯室でも可）
遊び方	①鬼を1人決め、他の子どもは鬼をなかに入れて手をつないで丸くなる。 ②鬼と子どもは歌と台詞のかけ合い遊びをする。 　「あーぶくたった　煮えたった」（手をつなぎ、時計まわりに歩く） 　「煮えたかどうだか　食べてみよ」（徐々に円を縮めて、鬼に近づく） 　「ムシャ　ムシャ　ムシャ」（鬼の頭を触りながら食べる真似をする） 　「まだ　煮えない」（手をつないで、元の場所まで広がる） 　（＊ここまでを何度か繰り返し、最後に…） 　「もう　煮えた」（手をつないで、元の場所まで広がる） 　（＊ここからは歌ではなく台詞となる） 　鬼　　：トン！　トン！　トン！（ドアをノックするマネをする） 　子ども：何の音？ 　鬼　　：○○の音！（風、車など怖くないものの名前を答える） 　子ども：あ～よかった！（大げさに、胸をなでおろす） 　（＊これを何度か繰り返す） 　鬼　　：トン！　トン！　トン！（ドアをノックするマネをする） 　子ども：何の音？ 　鬼　　：おばけの音！ 　（＊みんなはキャ～ッ！　と叫びながら逃げて鬼ごっことなる） ③捕まった子どもが次の鬼になり、最初から始める。

鬼と子どもは歌と台詞のかけ
合い遊びをする

キャーッ！　と叫びながら逃げて
鬼遊びとなる

表5-3　たっちたっちなぁに

対象・人数	3歳児（5人〜）
ねらい	・保育者や友達と一緒に遊ぶことを楽しむ。 ・全身を動かして遊ぶ心地よさを味わう。
準備・環境	園庭にある固定遊具（ジャングルジム、鉄棒、のぼり棒等）を使う。
遊び方	①子どもは大きな声で「たっちたっちなぁに？」と言う。 ②保育者は「ジャングルジム（例）」と言って指示する（園庭にある遊具を指示する）。 ③子どもは保育者が指示したものに向かって走り、それにタッチする。 ＊目標物を子どもの動きや興味に合わせていろいろ変化させて、繰り返して遊ぶ。

3 ── 指導計画の作成について

(1) 運動遊びのプログラムのあり方

　幼児の運動遊びは体を鍛えるためのものではなく、幼児の興味や関心、意欲を考慮した「遊びのプロセス」が大切である。運動遊びのプログラムは活動が強制的ではなく、子どもたちが楽しく自発的に取り組めるものでなければならない。また、全身を動かす遊びであることが望ましい。

　次に、活動内容には、特定の種目ばかりではなく、多様な動きを経験できるように、幼児の発達に適したさまざまな遊びを取り入れる。また、多様な動きの獲得のためには、楽しく体を動かす十分な時間を確保することも不可欠である。

(2) 指導計画作成のポイント

　運動遊びの指導計画には、それまでの遊びの経験などクラスの概況と一人一人の子どもの特徴から活動の見通しを立て、実際の遊びの場における子どもの姿とその場（環境）をつくり出す保育者の援助の内容を具体的に示す。

　「本時のねらい」には、全体的な遊びのねらい（何を楽しませるのか）、技能的なねらい（遊びの中心的な動作）、社会的なねらい（仲間との協力、ルール）、安全に関するねらいなどを記入する。「予想される子どもの姿」には、全体の動き、グループの動き、一人一人の動きに分けて、子どもたちの動きを記入する。「保育者のかかわりと援助」には、子どもの望ましい活動を導き出せるように、保育者の説明の内容や補助、助言の内容を記入する。また、うまくできない子どもの動きを予想して、その子どもたちへの手立てを考え、記入する（表5-4）。

表5-4 「忍者の修行ごっこ」指導計画（例）

テーマ	忍者の修行ごっこ
対　象	年長児、男児12名、女児13名
日　時	5月16日　午前10時00分～11時00分
場　所	園庭

【子どもの姿】
- 男の子はとても活発で体を動かすことが大好きである。
- 女の子はみんな仲良しで協調性がある。運動能力はさまざまで、運動が得意な子どももいれば、不得意な子どももいる。

【本時のねらい】
- 保育者や友達と一緒に楽しい雰囲気のなかで走ったり、跳んだり全身を動かして遊ぶ心地よさを味わう。
- 技術の習得だけにとらわれず、友達と一緒に遊びを工夫して取り組むことを楽しむ。

時　間	☆環境構成と予想される子どもの姿	保育者のかかわりと援助
10：00	● 保育者の前に集まる。	● 保育者の前に集まるよう促し、本時の活動を知らせる。
10：05	● 手遊びと準備体操をする。	● 忍者の修行をイメージできるような手遊びや準備体操を行う。
10：10	● 修行をするコーナーについて聞く。 ☆環境構成 【棒のぼりの修行／のぼり棒】【壁】【投げる線】【手裏剣の修行】【フープ／走り跳びの修行】【フープ／くぐり抜けの修行】【忍び足の修行／鉄棒】	● 園庭の固定遊具や大お手玉、ホースフープを使った修行をすることを伝える。 ● 各修行の名前、目的をわかりやすく伝える。 ●「速さ」ばかりではなく、「正確」な動きができるように伝える。 ● それぞれの修行（遊び）において、自分の能力に合った難易度に挑戦するように伝える。
10：15	● 順番にそれぞれの修行をする。 　手裏剣の修行 　　大お手玉を的に投げ当てる。 　走り跳びの修行 　　地面に置いたホースフープを走りながら跳び越える。 　忍び足の修行 　　頭に大お手玉をのせたまま鉄棒の下をくぐり歩く。 　くぐり抜けの修行 　　地面に置いたホースフープを素早くくぐる。 　棒のぼりの修行 　　のぼり棒を登る。	【子どもの能力に合わせた指導】 ＊手裏剣の修行…できる子どもは遠くから投げるなど、距離を変える。 ＊走り跳びの修行…できる子どもはホースフープを2個跳び越すなど、コースを複数設ける。 ＊棒のぼりの修行…できる子どもは高く登る。できない子どもはしがみつくようにする。 ● うまく修行ができない子どもには助言を与える。 ● 子どもの様子をみながら休憩をとり、水分補給をする。
10：40	● 修行の感想を発表する。	● 自分たちで工夫したことを意識したり、これからの意欲につなげるための場を設ける。

10：45	・すべての修行を、順番にサーキット形式で行う。	・スタート時、1つの修行に固まらないように配慮する。
10：52	・次はどのような修行がしてみたいか意見を言う。	・次は新しい修行をすることを伝える。
10：57	・後片づけ（11：00終了）	・みんなで協力して、片づけるように促す。

手裏剣の修行　　　走り跳びの修行　　　棒のぼりの修行

(3) 運動遊びの指導のポイント

指導計画に基づき、運動指導をする際は、まず、個人差に配慮しなくてはならない。幼児は同じ年齢であっても、成長に大きな個人差があるので、画一的な指導は避け、一人一人の発達に応じた援助をすべきである。次に、友だちや保育者と楽しく活動するなかで、幼児が自発的にいろいろな動きを体験できるような環境構成を工夫する必要がある。最後に、幼児の動きに合わせて、保育者が必要に応じて補助をしたり、時に見守ったりして、安全を確保するとともに、固定遊具や用具などの安全な使い方や、周辺の状況に気づかせるなど、安全に対する配慮も忘れてはならない。

第3節 ● 運動遊びの指導上の留意点

1 ── 運動遊び指導時のポイント

子どもは運動遊びが好きである。自ら創意工夫をしながら遊びを発展させることもあるが、発展させるきっかけとなったり、発展を加速させるのは、やはり保育者が用意する環境や保育者の言葉かけである。

(1) 運動遊びを通して子どもを観察する

運動遊びの場面は、自由遊びとしての時間、保育の一環としての運動遊び、

スポーツ教室などの専門講師による課内運動遊びなどがある。いずれの場面でも保育者は、子どもの「今日の姿」を観察し、子どもの外見的な部分だけでなく、その外見的な部分から内面まで読みとる力が必要である。観察のポイントは、以下の通りである。

- 顔色：体調はよいか。病気を患っていないか。
- 容姿：身なりはしっかりしているか。けがなどはないか。
- 動き：てきぱきと動いているか。
- 表情：何か不安なことはないか。楽しそうにしているか。
- 発言：コミュニケーションがとれているか。ポジティブ（ネガティブ）な発言が多いか。

　おとなと異なり、知的、精神的に未熟な子どもにとって、自分の状態を適切に表現することは難しい。保育者は、子どもの身体や精神の状態を的確に察知しなければならない。発達段階にある子どもの精神状態はとても重要であり、精神状態が悪化していれば、思いきり遊ぶこともできず、身体の発達にも悪影響を及ぼす。不安なことやストレスを抱えていることを見抜くのは簡単なことではないが、見極める力も保育者にとっては重要な力である。運動遊びの場面では、子どもの状態に合わせて、活動内容や声かけの内容を臨機応変に変更したりすることが必要になってくる。

(2) 言葉、表情、表現で子どもを運動遊びに引き込む

　保育者のなかには「運動やスポーツは得意ではありません」と答える人もいれば、「運動は大好きで、バレーボールをやっていました」などと自信をもって答える人もいる。たとえば、体操競技の経験者であれば、後方宙返りのお手本も子どもたちに見せられるだろう。これも大きな利点ではあるが、保育者に求められることは、言葉、表情、表現によって、楽しく自然に子どもたちを運動遊びに引き込むことができる技術である。自分自身は運動が苦手でも、表情豊かに、そして表現巧みに子どもたちと接することができれば、子どもたちを運動遊びに引き込むことはできる。

(3) 多様な遊びを生み出す環境を考える

　縄跳び遊びに使用する「短縄」は身近な手具であるが、思考をめぐらすことでさまざまな遊びが生まれる。2人で同時に縄跳び遊びを行うとしたらどんな遊び方ができるのか、縄を島に見立てて何か遊びができないか、オリジナルの「がんばりカード」などを製作し、子どもたちのやる気を起こすことはできないか、三角コーン（パイロン）など、園にある器材を利用して、倒

した状態にすれば、ジグザグ・ジャンプなど「走」の運動遊びに広がりをもたせることにならないかなど、少し考え方を変えたり、発想を広げることで、自分だけのオリジナルな遊びが生まれる。

保育者の立案や見立てにおいては、しかけを意図的に工夫し、子どもが自主的に多様な遊びを行えるように環境を設定することを忘れてはならない。「第Ⅱ部　実践編」の「実践1　ちょっとした工夫で広がる運動遊び(p.164)」のなかでも一例として取り上げているので参考にしてほしい。

(4) 一人一人をみつめた言葉かけ

保育者のちょっとした一言で子どもは自信をもち、運動に対する興味を抱き、その結果、心身の成長につながることがある。反面、たった一言で子どもが萎縮してしまうこともある。認め、励まし、ほめてあげる言葉かけを常日頃から心がけることを大切にしてほしい。「やってみせ、言って聞かせて、させてみせ、ほめてやらねば、人は動かず」という名言が残っている。子どもはほめられることで自信をもち、認められることで勇気がわいてくる。一人一人の特性に合った言葉をタイミングよくかけることが大切である。

適切な言葉かけがあれば、「運動遊びが好きになる（心情）→運動遊びがより楽しくなる（意欲）→運動習慣が変化する（態度）」という流れになるだろう。言葉のもつ意味を決して軽視せず、言葉の重要性を忘れてはならない。

2 ── 適切な運動遊びのプログラム

(1) 安全面を考慮したプログラム

保育者は、運動遊びのプログラムを作成する過程において、危険なものはないか、内容に準じた適切な人数であるか、年齢に応じた内容であるか、天候などの自然環境はよいかなど、けがを未然に防ぐために、さまざまな観点からプログラムを点検する必要がある。また、運動遊びの最中においても、場面場面で、遊びが子どもに適応しているかどうかを確認し、危険だと感じたときには即座に遊びを中断したり、プログラムそのものを変更する判断も必要である。

(2) チャレンジさせるプログラム

運動遊びのプログラムは、安全を確保したうえで子どもの年齢や特性を考慮し、できそうでできない運動遊びを取り入れたり、ハンディをつけるなど子どものチャレンジ精神を育むような工夫も必要である。指導中には「これ

がクリアできたらすごいな」などと声をかけて、うまくチャレンジ精神を刺激する。さらに、成功体験を味わうことができれば、「今度もやりたい」「次は何があるの」などと子どもの運動への意欲はいっそう高まる。段階を経てさまざまな運動を行うことで、身体のコントロールや危険を回避する身のこなし方も上達していくであろう。

　運動遊びのプログラムで意識してほしいことは、「遊びを教える」のではなく「遊びで教える」であり、「運動を教える」のではなく「運動で教える」ということである。

第4節　特別支援児に対する健康教育と運動指導

1　幼稚園・保育所等における特別支援

（1）発達障害のとらえ方

　2005（平成17）年に発達障害者支援法が制定され、発達障害を早期に発見し、発達支援[※5]を行うことは国および地方公共団体の責務であることが明確になった。これにより障害の早期発見、早期の支援開始が重要であることの認識が広まってきた。幼稚園・保育所等においては、もともと発達途上にある乳幼児期の子どもに対して、障害があるかどうかにかかわらず、生活しているなかで困っていることや苦手なことがある場合、適切な援助をして社会生活に適応していくためのさまざまな能力の発育・発達を促すことは教育・保育活動の大きな柱である。また、特に幼児期は、いわゆる定型発達[※6]と発達障害の境目がはっきりしているわけではないため、幼稚園・保育所等における障害の早期発見というのは「日常生活を送るうえで困難なことがあるのか」を見極めることであるといえる。

　しかし一方で、症状は加齢に伴って、あるいは周りの環境や対応によって大きく変わっていくことから、早期に適切な支援を受けられるか否かが重要である。周りのおとなは、その子どもの特性に合わせた支援を行っていくために、障害について理解することも必要となってくる。発達障害は脳機能の情報処理過程で定型発達との違いがみられ、異なった道筋で行動が行われていることを理解したうえで、支援の方法を工夫していく。

　たとえば、自閉スペクトラム症（ASD：Autism Spectrum Disorder）[※7]と診断された子どもで、新しいことに取り組むときに強い拒否反応を示す（こ

※5　発達支援
発達障害者に対し、その心理機能の適正な発達を支援し、円滑な社会生活を促進するために行う発達障害の特性に対応した医療的、福祉的および教育的援助をいう。

※6　定型発達
標準的な発達を示す状態

※7　自閉スペクトラム症
アメリカ精神医学会作成『精神疾患の診断と統計のためのマニュアル［第5版］：DSM-5』（2013年5月）の分類における神経発達障害の1つである。①社会的コミュニケーションと相互関係における持続的障害、②限定され反復する様式の行動、興味、活動、に主訴があるとされる。

れまでの行動に対するこだわりが強い）場合、これまでの行動をベースに終わりの部分を少しだけ変えたやり方から始めたり、新しい活動の手順を絵や写真で視覚的に示して、見通しをもったうえで取り組み始めるなど、支援を工夫することにより活動がすんなり開始できたという事例もある。

(2) 幼稚園・保育所・幼保連携型認定こども園の役割

特別な支援が必要な子どもの指導について、幼稚園教育要領では、「第1章 第5 特別な配慮を必要とする幼児への指導 1 障害のある幼児などへの指導」で、

> 障害のある幼児などへの指導に当たっては、集団の中で生活することを通して全体的な発達を促していくことに配慮し、特別支援学校などの助言又は援助を活用しつつ、個々の幼児の障害の状態などに応じた指導内容や指導方法の工夫を組織的かつ計画的に行うものとする。また、家庭、地域及び医療や福祉、保健等の業務を行う関係機関との連携を図り、長期的な視点で幼児への教育的支援を行うために、個別の教育支援計画を作成し活用することに努めるとともに、個々の幼児の実態を的確に把握し、個別の指導計画を作成し活用することに努めるものとする。

として、集団で生活する中で発達を促すとともに、個々の障害の状況に応じた指導や家庭及び関係機関との連携を図ることの重要性があげられている。

また、「第6 幼稚園運営上の留意事項」において、

> 3 地域や幼稚園の実態等により、幼稚園間に加え、保育所、幼保連携型認定こども園、小学校、中学校、高等学校及び特別支援学校などとの間の連携や交流を図るものとする。特に、幼稚園教育と小学校教育の円滑な接続のため、幼稚園の幼児と小学校の児童との交流の機会を積極的に設けるようにするものとする。また、障害のある幼児児童生徒との交流及び共同学習の機会を設け、共に尊重し合いながら協働して生活していく態度を育むよう努めるものとする。

として、幼小の連携や地域での交流を積極的に行うこととしている。

保育所保育指針においても、「第1章 3 保育の計画及び評価（2）指導計画の作成」で、

> キ 障害のある子どもの保育については、一人一人の子どもの発達過程や障害の状態を把握し、適切な環境の下で、障害のある子どもが他の子どもとの生活を通して共に成長できるよう、指導計画の中に位置付けること。また、子どもの状況に応じた保育を実施する観点から、家庭や関係機関と連携した支援のための計画を個別に作成するなど適切な対応を図ること。

として、一人一人の子どもに合わせた指導計画の作成についてあげている。

また、「第4章 子育て支援 2 保育所を利用している保護者に対する子育て支援（2）保護者の状況に配慮した個別の支援」において、

> イ 子どもに障害や発達上の課題が見られる場合には、市町村や関係機関と連携及び協力を図りつつ、保護者に対する個別の支援を行うよう努めること。

として、保護者に対する支援について述べられている。

幼保連携型認定こども園（以下、認定こども園という）については、「第1章 第2 3特別な配慮を必要とする園児への指導（1）障害のある園児などへの指導」において、幼稚園教育要領に準拠した内容があげられている。

幼稚園・保育所・認定こども園では、障害のある子どもも他の子どもたちとの集団生活を通してともに成長・発達していくことができるように適切な支援を行っていく必要がある。このことは、障害のある子どもが社会生活に適応していくために重要なことである。そのことを念頭に置き、支援にあたっては以下のことに留意する。

① 集団で活動する利点を活かす

発達障害については、家庭ではそれほど問題ではなく保護者は気づきにくいが、幼稚園・保育所等において集団で活動することによりその子どもの行動特性としてわかってくることがある。たとえば、行動に困難があっても、家庭では「まだ幼いからできなくても仕方ない」と見過ごされていることが、幼稚園・保育所等において、初めは同じようにできなかった同じ年齢の他の子どもが、保育者やまわりの子どもをモデルに模倣をしつつ、徐々にできるようになっていく様子をみて障害に気づくことがある。また、「1番でないと嫌」というこだわりが強い子どもの場合、家庭では何をするにも真っ先にやらせてもらえるので問題行動があらわれにくいが、幼稚園・保育所等ではしばしば「順番待ち」をしなくてはならない状況になり、かんしゃくを起こしてしまったりする。このようなときは、社会生活への適応を学ぶよい機会であるととらえ、待っていれば必ず順番はまわってくることを丁寧に説明して、実際にその経験を重ねることで「1番でなくても大丈夫」ということを理解できるようにしていく。

② 観察から活動の困難さの状況を把握する

活動の困難さが顕在化したら、それがどのような場面や状況で起こるのか、苦手なポイントがどこにあるのかをできるだけ把握するように活動状況を観察する。普段の状況を把握し、記録しておくことは、小学校や療育機関など

と連携するときに貴重な情報となる。

③ 予定を変更する場合には丁寧に説明する

保育活動はその子どもの発達の状況や日々の状態によっては指導計画にとらわれず、柔軟に対応することが必要になってくる。発達障害のある子どもはこだわり行動[※8]を示すことがあり、予定は極力変えないほうがよいとされる。しかし、普段と比べて周囲の刺激が多すぎるなど、指導が困難な状況で何かに取り組ませようとしても、うまくいかずにイライラしたり、自信を失ってしまったりする。このようなときには無理して計画どおりに行うより、子どもに予定を変更することを丁寧に説明し、次はいつ行うかなどについても告げて本人が納得する形で予定を変更する。

※8 こだわり行動
発達障害、特に自閉スペクトラム症に特徴的な、特定の物や行動様式に執着する行動。興味・関心の偏りや、変化に対する不安からまわりの状況を変えないことで安心しようとすることのあらわれであると考えられている。

2 ── 健康教育指導上の配慮

(1) 基本的生活習慣の指導

食事、排泄、睡眠のリズムの形成、衣服の着脱や清潔習慣など身辺自立の発達は、社会生活を送るうえで必要であり、特に就学期が近づくにつれて周りのおとなから自立して生活するため、重要な発達課題となる。

① 適切な支援と家庭との連携

子どもを観察して、何が困難のもととなっているのかを見極めずに支援をしようとしても見当違いな指導になってしまう。生活習慣は毎日行われることであるため、その子どもにとって意味をなさない指導が何度も繰り返されるとその行為そのものに対する負のイメージがついてしまう。

たとえば、食事のとき、うまく食べられずに半分くらいこぼしてしまい、「前を向いてこぼさないで食べよう」といくら繰り返しても全く効果がないことがある。この場合、咀嚼する筋肉が弱くてうまく飲み込みができなかったり、体幹をまっすぐに保つ筋力が弱く、姿勢が崩れたまま食べていたり、手先の全般的な力が弱く、食器を保持することが難しくてこぼしてしまうなど、いくつかの原因が考えられる。このような場合は、その場で動作を反復練習するだけではうまくいかないことが多い。食事以外の場面で、手でいろいろなものをつまんだり、運んだりする遊びを取り入れ、手先の動き全般の発達を促したり、口のまわりの筋肉をよく動かすように口じゃんけんをしたり、にらめっこをしたり、機能面の発達を促すような活動を行ってみるとよい。

また、毎回途中で立ち歩いてしまい、「ちゃんと座って食べなさい」と何度も注意される子どもの場合、そもそもお腹がすいていなくて食事に興味がな

いということも考えられる。興味がないのに一定時間椅子に座っているのは発達障害でなくても、子どもにとっては苦痛である。このような場合は、運動・食事・睡眠のバランスがとれているか、保護者にも聞いてみることが必要になる。

　このほかに、排泄も生活リズムとの関連が深いため、家庭での状況を知ることが重要である。衣服の着脱では、家庭ではいつも母親に着せてもらっていて、衣服の形を理解していないため後ろ前に着てしまったり、触覚過敏があり、衣服の素材が不快刺激となってなかなか着られないということもある。購入する際に注意してもらうなど、家庭との連携が必要となるケースが多い。

　② スモールステップによる支援

　定型発達の場合、保育者や他の子どもがモデルとなり、行動の見通しが立ちやすく、周りの人の動きを見てまねているうちにできるようになっていく。発達障害の子どもの場合は、身体の不器用さと相まって、できるようになっていく過程が指導する側にもされる側にも理解しにくい。そこで、より細かい段階で課題を具体的にわかりやすく設定して（スモールステップ）、毎回「できた」という達成感をもたせるようにする。また、家庭でも連続して支援してもらうために、「園では、こんなことができましたよ」とこまめに報告するようにする。これには、園で行っているやり方と家庭でのやり方に違いがあると子どもが混乱してしまうため、支援の仕方を一致させる目的があり、さらにポジティブな報告をすることで、保護者も指導にやる気が出るという効果も期待できる。基本的生活習慣の指導は、家庭との連携がポイントとなる。

(2) 運動遊びの指導

　① 遊び内容について

　発達に障害があると、身体感覚からの感覚情報を処理する機能が弱いため、身体をうまくコントロールすることができず、ぎこちない動きになりがちである。動きがぎこちないから活発に動くことを好まなかったり、周囲とのコミュニケーションがとりにくいために集団で遊ぶことが少なく、体を動かす機会が少なくなったりするため、運動全般が苦手という発達障害の子どもも多い。しかし、ぎこちないからこそ、幼児期にいろいろな基本的動作を経験して、克服しておくことは重要である。

　活動の内容としては、幼児期運動指針であげられている「体のバランスをとる動き」「体を移動する動き」「用具などを操作する動き」の基本的な動きが有効である。特に前庭[※9]や体性感覚[※10]を刺激するようなバランスをとる動きは、すべての行動の基本となる姿勢保持能力ともかかわりがあるので重要

※9　前庭
内耳にある平衡感覚の受容器の1つで頭部の位置を感知する。

※10　体性感覚
触覚、圧覚、痛覚、温覚、冷覚などの皮膚感覚と関節や筋肉にある手足の位置などを感知する位置覚や運動の速さを感知する運動覚などの深部感覚（＝固有感覚）がある。

である。

② 問題行動への対処

みんなで運動遊びを始めようというときに、集団遊びが苦手な子どもがいつもロッカー棚に逃げ込んでしまうなどの問題行動がみられることがある。このようなときに「やりたくなければ、やらなくていいよ。そこで見ていてね」という対応をとり続けていると、やがてロッカー棚に逃げ込むことがこだわり行動となり、集団での活動に参加することができなくなってしまう。適切な対応としては、どのようなことを行うのか具体的に説明して子どもの不安をとり除き、少しでも参加できるよう時間を決めて参加を促したり、その子どもが好きなキャラクターが描かれた用具を利用したりする。あるいは、参加しやすいような特別ルールを設定する方法もあるが、この場合、他の子どもたちにもきちんと説明して納得してもらう必要がある。

また、遊具などで他の子どもが順番待ちをしているのに、いつまでも交代しないという行動もしばしばみられる。このようなときには、活動を始める前に「10まで数えたら次の人に交代」「この笛が鳴ったら交代」など、具体的なルールを前もって説明しておく。

③ 視覚情報の利用

発達障害の子どもは、言語理解の能力が十分に発達していないために、指示の意味がわからないことがある。その場合は、言葉ではなく視覚的に具体的な指示を示してあげるなど、よりわかりやすい指示に変える。

たとえば、レール平均台を渡るときに「前の人が終わってからスタートするんだよ」と言っても、遊具の前にきたらすぐスタートしてしまい、「前の人が終わってから！」と何度注意しても改善されないことがある。このような場合、「この靴マークの上に立つんだよ」と具体的な行動を伝えることにより、スタート位置で立って待っていることができるようになった事例もある。

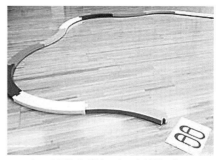

レール平均台※11とスタート位置の指示

※11 レール平均台
幅10cm、高さ4cm、長さ65〜80cmの曲線および直線のEVA樹脂製のレールを組み合わせて、その上を渡ることにより平衡機能を高める。

●学びの確認
①幼児の基本的な動作とその分類について、また、カテゴリーと個々の動作について説明してみよう。
②伝承遊びのうち、季節を考慮して室内で行うもの、園庭で行うものをそれぞれあげてみよう。
③特別な支援が必要な子どもに対する基本的生活習慣の指導と運動遊びを実施する際に留意する点についてまとめてみよう。

●発展的な学びへ
①身近にある用具（フープやボール）のうち１種類を用いて、より多くの遊びの方法を考案してみよう。
②園庭にある固定遊具や移動可能な遊具を使ってできる遊びを考え、指導計画を作成してみよう。

引用文献

1）文部科学省「幼児期運動指針」2012年
2）村岡眞澄・小野隆『保育実践を支える　健康』福村出版　2010年　p.63
3）幼少年教育研究所『新版　遊びの指導―乳・幼児編―』同文書院　2009年　p.60
4）文部科学省「幼稚園教育要領」2017年
5）厚生労働省「保育所保育指針」2017年
6）内閣府・文部科学省・厚生労働省「幼保連携型認定こども園教育・保育要領」2017年

参考文献

集団遊びでからだづくり・友だちづくり―伝承あそび・その２―
　http://genki-morimori.jp/karatomo2/home/index.html
外あそび体育遊具協会
　http://soto-asobi.jp/instruction.html
厚生労働省：発達障害者支援法（平成16年法律第167号）
　http://www.mhlw.go.jp/topics/2005/04/tp0412-1b.html
American Psychiatric Association, *Diagnostic and Statistical Manual of Mental Disorders 5th ed.*, American Psychiatric Publishing, 2013.
田中康雄他「特集："発達障害"を問い直す」『発達』第137号　ミネルヴァ書房　2014年

●○● コラム5 ●○●

運動ができるようになるための魔法の言葉

　大学の授業の一環で、大学生が幼稚園で子どもたちに跳び箱やマット、鉄棒などを指導している。おおむね子どもたちは大学生との体育を楽しんでいるが、なかには、一生懸命に取り組んでいてもなかなかできない子どももいる。そのような子どもに大学生は「がんばれ！」と声をかけていることがある。それはもちろん必要であるが、単なる声援に過ぎない（子どもはすでにがんばっている）。また、跳び箱の開脚跳びで「しっかり踏み切りなさい」とか、マットでの前回りで「あごを引きなさい」とか、鉄棒（逆上がり）で「肘を曲げなさい」という指導や声かけをしている場面をみかけるが、そのような指導もあまり効果がない場合がある。それは、子どもは自分の体がどのようになっているのかをうまく認識できないからである。

　そこで、子どもが動きを獲得するには、わかりやすい表現を用いる必要がある。しっかり踏み切ることができない子どもには「踏み切り板で大きな音を出してみよう」とか、前回りの際、頭頂部をマットについてしまい、うまく回転できない子どもには「自分のおへそを見てごらん」とか、子どもの両膝の間くらいの位置で後ろから指導者が手を出して「先生の手が見える？」と言ってみたりする。また、逆上がりのときにひじが伸びきってしまう子どもには、「ダンゴ虫のように小さくなってみよう」と声をかけて指導すると有効な場合もある。

　時には、「あっ、○○みたいだね」と自らイメージをふくらませて取り組んでいる子どもの声を拾って「○○みたいになってみようか！」と声をかけるときもある。子どものイメージ、理解のしかたは十人十色である。筆者も、子どもがイメージしやすい、より多くの「魔法の言葉」を探して、日々運動指導を行っている。

子どもは子どもなりのイメージをもってその動きを習得しようとしている。

第6章　健全な発育・発達の測定と評価方法

◆キーポイント◆

　発育・発達が著しい幼児期は、わずか1年の間でも身体的、精神的に大きく変化する。そのため、保育環境や家庭環境によって個人の発育・発達は大きく影響を受け、その環境次第で健全に成長することもあれば、逆に本来あるべき発育・発達が阻害されてしまうこともある。しかし、どんな子どもも大なり小なり成長していくが、周りのおとなは順調に成長しているのか否か判断できないことが多々ある。また、保育者は、複数の子どもたちとともに日々を過ごすために、個々のわずかな発育・発達不全を見落としやすい。

　このような見落としを防ぎ、子ども一人一人の成長の過程を客観的にチェックするためには、専用のテストや調査用紙を用いた測定と評価を定期的に実施することが望ましい。そこで、本章では、幼児の発育・発達の程度を身体的、心理的および社会的な面から多角的に評価するための方法について記載する。それぞれの測定の意図と具体的な方法を理解し、子どもたちの健全な成長を客観的に確認することのできる術を身につけてほしい。

第1節　体格の測定評価

　幼児の体格測定の指標には「肥満度」を利用する（p.115、図6-1参照）。肥満度は、肥痩の基準値が一定で体格をイメージしやすく、個人の体格判定に適している。また、肥満度は、母子健康手帳や文部科学省学校保健統計調査で利用されており、幼児から中学生までの体格を追跡評価することができる点でも優れた指標といえる。

1 ── 肥満度とは

　肥満度とは、肥満ややせなどの体格を身長と体重のバランスから評価する体格指標である。具体的には、性と身長から計算した「標準体重」に対して「実際の体重」がどのくらい高いか（あるいは低いか）を割合（％）であらわす。肥満度は、標準体重と実際の体重が同じなら「0％」、実際の体重が標

準体重を上回ると「プラス（＋）」、下回ると「マイナス（－）」になる。

2 ── 肥満度の計算

肥満度は、以下の式で求める。

> 肥満度(%) ＝（実際の体重(kg)－標準体重(kg)）÷標準体重(kg)×100(%)

「標準体重」は、同じ年齢であっても性や身長によって異なるため、対象となる幼児の性と身長を表6－1に照らし合わせて把握する。

なお、表6－1は身長1cm単位の数値となるため、身長0.1cm単位の正確な標準体重を把握したい場合は、以下の式[1]を用いて計算する。

> 男：標準体重 ＝（0.00206×身長×身長）－（0.1166×身長）＋6.5273
> 女：標準体重 ＝（0.00249×身長×身長）－（0.1858×身長）＋9.0360

表6－1　幼児の性別・身長別の標準体重一覧表　　　単位：kg

身長cm	85	86	87	88	89	90	91	92	93	94	95	96
男	11.5	11.7	12.0	12.2	12.5	12.7	13.0	13.2	13.5	13.8	14.0	14.3
女	11.2	11.5	11.7	12.0	12.2	12.5	12.7	13.0	13.3	13.6	13.9	14.1

身長cm	97	98	99	100	101	102	103	104	105	106	107	108
男	14.6	14.9	15.2	15.5	15.8	16.1	16.4	16.7	17.0	17.3	17.6	18.0
女	14.4	14.7	15.0	15.4	15.7	16.0	16.3	16.6	17.0	17.3	17.7	18.0

身長cm	109	110	111	112	113	114	115	116	117	118	119	120
男	18.3	18.6	19.0	19.3	19.7	20.0	20.4	20.7	21.1	21.5	21.8	22.2
女	18.4	18.7	19.1	19.5	19.8	20.2	20.6	21.0	21.4	21.8	22.2	22.6

身長cm	121	122	123	124	125	126	127	128	129	130
男	22.6	23.0	23.4	23.7	24.1	24.5	24.9	25.4	25.8	26.2
女	23.0	23.4	23.9	24.3	24.7	25.2	25.6	26.0	26.5	27.0

3 ── 体格の評価方法

肥満度による幼児の体格の評価は、表6−2の基準にしたがって行う。または、幼児の身長と体重を幼児用肥満度判定曲線（図6−1）に当てはめると簡易に体格を評価することができる。

表6−2　幼児の体格評価基準

肥満度（％）	判定
−20％以下	やせすぎ
−20％より上　−15％	やせ
−15％より上　15％未満	ふつう
15％以上　20％未満	太りぎみ
20％以上　30％未満	やや太りすぎ
30％以上	太りすぎ

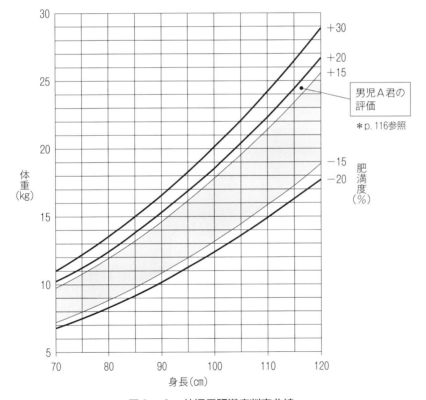

図6−1　幼児用肥満度判定曲線

4 ── 肥満度の計算と体格評価の事例

男児A君（身長116cm、体重24.8kg）の体格評価は、以下の通りである。
①表6－1から「男」で「身長116cm」の標準体重は「20.7」である。
②肥満度の式に「実際の体重」と「標準体重」を当てはめると、肥満度は「19.7%」になる。（24.8 － 20.7）÷ 20.7 × 100 ＝ 19.7
③表6－2の判定基準から、A君の体格は「太りぎみ」と評価される。また、A君の身長と体重を図6－1の肥満度判定曲線に当てはめても「太りぎみ」であることがわかる。

5 ── Body Mass Index（BMI）による体格評価

BMIは、体重（kg）／体重（m）^{2}によって簡易に計算することができ、乳幼児期では「カウプ指数」として用いられている。また、肥満度はわが国独自の指標であるが、BMIは諸外国における主流の指標であり、体格について国際的に比較するなどの疫学的検討を行う場合に最適である。

BMIを用いて幼児の体格評価を行う場合、一般的には15未満を「やせぎみ」、18以上を「太りぎみ」の基準値とし、これらの間を「標準」としている。しかし、この時期のBMIは性や年齢によって大きく異なることから、性別・年齢別の基準値（表6－3）を用いて体格評価を行うべきである。

表6－3　成人のやせ（BMI18.4）・肥満基準値（BMI25）に相当する性別・年齢別のBMI値[2]

年齢	男児		女児	
	やせぎみ	太りぎみ	やせぎみ	太りぎみ
2 歳	15.1	18.4	14.8	18.0
3 歳	14.7	17.9	14.5	17.6
4 歳	14.4	17.6	14.2	17.3
5 歳	14.2	17.4	13.9	17.3
6 歳	14.1	17.6	13.8	17.3

第6章●健全な発育・発達の測定と評価方法

第2節 ● 体力・運動能力の測定評価

1 ── 体力・運動能力テスト実施時の留意点

　筆者らによる調査[※1]では、幼児期の子どもをもつ母親に「自分の子どもの運動能力レベル」を予想してもらったところ、約65％が実際の運動能力水準よりも高い評価をしていた。特に投能力に関しては最も過大評価していた。つまり、毎日一緒に生活している親でも子どもの運動能力を正しく評価できておらず、心のどこかに「うちの子に限って…」という気持ちがあるのかもしれない。したがって、幼稚園や保育所等でも毎年１回、簡単な体力・運動能力テストを実施し、正しい評価を保護者に知らせることが大切である。また、保育者もその結果をみることで子どもの現状を把握したり、幼稚園や保育所等での取り組みの効果を確認できる。

　ここでは、最近行われた全国的な研究や大規模な研究で用いられている幼児用の体力テストや運動能力テストを紹介するとともに、その具体的な測定方法や記録方法、また、測定する側（検者）の留意点などについて記載する。現場での実用性を考慮し、高価な測定器機や専門的な測定手法が比較的少ない項目を中心に紹介するが、それぞれの園環境などによって実施できない項目もあると思われる。実際に測定する場合は、各体力要素を偏りなく測定できるようにバランスよくテスト項目を選択してほしい。

　表６－４は、これまでに幼児に対して用いられてきたさまざまな体力・運動能力テストの項目を示している。さらに、このなかから最も頻繁に用いられている項目に関して次項で具体的に示す。

※１　福冨恵介・春日晃章「保護者のわが子に対する主観的体力評価と実際の体力水準の一致度─幼児期を対象として─」『発育発達研究』第56号　日本発育発達学会　2012年　pp.１－８

表6－4　幼児を対象として用いられている体力テスト項目

関連要素	テスト名	テスト概要
筋力	握力	握力計を用いた静的筋力測定。全身の筋力と相関が高い。
瞬発力（パワー）	立ち幅跳び	前方に両脚で跳んだ距離を計測。運動能力の"跳"テストの代表。
スピード	25m走	"ヨーイ・ドン"の合図で25mを直線的に走り切ったタイムを計測。運動能力の"走"テストの代表。
スピード	20m走	上記と同様な方法であるが、25mの直線が確保できない場合に便利。
スピード	往復走	上記の走テストが場所の関係でできないときに利用。15mの往復路を走りきったタイムを計測。
筋持久力	体支持持続時間	机と机の間で両腕を伸ばした状態で手をつき、足を床から離し続けた時間を計測。
筋持久力	円周連続片足跳び	半径3.4mの外円と3.1mの内円でつくられる30cm幅の円形コースを1mずつに区切り、その間を何回ケンケンできるかを計測。
敏捷性	反復横跳び（1本ライン）	1本のラインを両足をそろえて左右に5秒間で何回往復できたかを計測。
敏捷性	反復横跳び（2本ライン）	35cm間隔に引かれた2本のラインを右足で左右交互（両足ジャンプ）に10秒間で何回踏めたかを計測。
敏捷性	両足連続跳び越し	50cmごとに10個の積木を並べ、その間を両足をそろえて跳び越すのに要したタイムを計測。
敏捷性	棒反応時間	棒にmm単位の目盛りをつけ、手を軽く開かせて棒を落下させたときに掴むことができた位置の距離を計測。
敏捷性	ステッピング	5秒間に両脚を交互にステップさせることができた回数を計測。立位姿勢と座位姿勢で行う方法がある。
平衡性	開眼片足立ち	眼を開いたままで、片足立ちをする。片足立ちを保持できなくなるまでの時間を計測。
平衡性	棒上片足立ち	幅と高さ3cmの棒上で片足立ちを行う。その他は上記テストと同様。
協応性	ソフトボール投げ	ソフトボール1号球を上手かつ片手投げで投げたときの距離を計測。運動能力の"投"テストの代表。
協応性	テニスボール投げ	硬式テニスボールを用いたテスト。その他は上記テストと同様。
協応性	跳び越しくぐり	地上35cm上にゴムテープをセットし、跳び越した後、その下をくぐる動作を連続5回繰り返したときのタイムを計測。
協応性	まりつき（ボールつき）	直径1.5m内の円内で、片手で何回連続でまりつきができたかを計測。
柔軟性	長座体前屈	長座姿勢から上体を前屈する。前屈できた距離を計測。長座体前屈計を用いるとよい。
柔軟性	伏臥上体そらし	うつ伏せで寝て、両手をおしりに置き、反り返ったときのあごから床の距離を計測。

2 ── 主なテストの測定方法

(1) 握力

【測っているもの】筋力（静的筋力）
【準備するもの】握力計（幼児用）
【測定方法】

①握力計を右手で握らせ、指の第2関節が90度ぐらいになるように握り幅を検者（測定するおとな）が調整する。
②胴体や足に握力計がふれないようにして、全力で握らせる。
③力を出し切ったところで、握力計の数値を読み取り、記録用紙に記入する。このとき、可能であれば0.5kg単位で読み取ることが望ましい。
④次に左にもち替えさせ、計測する（このとき、握り幅の調整は必要なし）。

握力の測定方法

【記録】「右手→左手→右手→左手」と各手2回ずつ行い、左右それぞれ大きいほうの値の平均値を代表値（その子どもの記録）とする。代表値は、小数点第2位まで算出する。

【評価】評価の目安は、表6－5の通りである。

表6－5 握力の評価の目安　　単位：kg

年齢	男児 非常に劣る	やや劣る	標準的	やや優れる	非常に優れる	女児 非常に劣る	やや劣る	標準的	やや優れる	非常に優れる
3.5	1.0	3.0	4.9	6.9		0.8	2.6	4.4	6.2	
4.0	2.3	3.0	4.9	6.9		1.3	3.3	5.4	7.4	
4.5	2.4	4.5	6.7	8.8		2.3	4.2	6.1	8.0	
5.0	3.0	5.3	7.5	9.7		2.8	4.7	6.6	8.4	
5.5	4.2	6.3	8.4	10.4		3.7	5.8	7.9	10.0	
6.0	4.8	7.2	9.6	12.0		4.5	6.5	8.6	10.6	
6.5	5.9	8.1	10.4	12.6		5.2	7.6	10.0	12.4	

注：年齢3.5歳は3.5歳以上4.0歳未満
　　測定値が基準値と同じ値の場合はよいほうの評価を採用する。
資料：筆者らの調査結果（中野貴博、春日晃章、村瀬智彦「生活習慣および体力との関係を考慮した幼児における適切な身体活動量の検討」『発育発達研究』第46号　日本発育発達学会　2010年　pp.49-58）

(2) 体支持持続時間

【測っているもの】筋持久力

【準備するもの】高さ70cm程度の長机（2個）、ストップウォッチ、ビニールテープ（幅2～3cm程度）、補助台
2個の机を幅30～35cmあけて配置する。

【測定方法】

① 子どもを机と机の間に立たせ、補助台に乗せる。
② 両手を机の上に置き、肘を伸ばさせる。
③ 「よーい、始め！」の合図で検者は補助台を取り除き、計測を始める。
④ 膝が曲がっていたり、身体の一部が机にふれていたりする場合は、すぐに注意して修正する。
⑤ 両腕で身体を支えられなくなり、足が床に着いたら計測を止める。

体支持持続時間の測定方法

【記録】支持できていた時間を1秒単位で記録する。測定は1回のみ実施する。

【評価】評価の目安は、表6－6の通りである。

表6－6 体支持持続時間の評価の目安（筆者らの調査結果より）　単位：秒

年齢	男児 非常に劣る	やや劣る	標準的	やや優れる	非常に優れる	女児 非常に劣る	やや劣る	標準的	やや優れる	非常に優れる
3.5	0	6	19	31		0	7	19	32	
4.0	0	9	28	46		0	9	27	45	
4.5	0	14	37	60		0	15	39	63	
5.0	0	21	56	92		0	24	55	85	
5.5	0	31	68	105		0	34	76	118	
6.0	2	42	83	124		0	45	89	134	
6.5	6	49	91	134		2	55	109	162	

注1：年齢3.5歳は3.5歳以上4.0歳未満
　　測定値が基準値と同じ値の場合はよいほうの評価を採用する。
　2：このテストは個人差が非常に大きいため、0秒でも「非常に劣る」に該当しない場合がある。

(3) ソフトボール投げ

【測っているもの】協応性、投力

【準備するもの】ソフトボール1号球（6個程度）、メジャー（30m）、ライン引き

　図6-2のように半径1m（直径2m）の円を描き、円の中心から投球方向に向かって、中心角60度程度になるように2本の直線を描き、その直線間に同心円弧を1m間隔に引く。幼児の場合、おおよそ15mまで同心円弧を描いておけばよい。15mを超えた場合は、メジャーで落下地点までを計測する。

【測定方法】

①円内にてボールをオーバーハンド（上手投げ）で投げさせる。円内で助走をつけてもよいが、投球中や投球後に円の線を踏んだり、越したりしてはいけない。下手投げや横手投げをしてしまった場合は、やり直す。

②計測者が落下地点を確認し、0.5m単位で記録を記入する。0.5m未満は全て切り捨てる（図6-2）。

③間隔を少しおいて、1人2投連続して行う。

【記録】2投して、よいほうの値を代表値とする。

【評価】評価の目安は、表6-7の通りである。

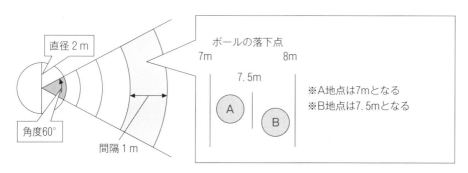

図6-2　ソフトボール投げの測定方法

第Ⅰ部 理論編—保育における領域「健康」の理解—

表6-7 ソフトボール投げの評価の目安(筆者らの調査結果より) 単位：m

年齢	男児					女児				
	非常に劣る	やや劣る	標準的	やや優れる	非常に優れる	非常に劣る	やや劣る	標準的	やや優れる	非常に優れる
	←	↔	↔	↔	→	←	↔	↔	↔	→
3.5	1.5	2.5	3.5	4.5		1.5	2.0	3.0	3.5	
4.0	1.5	3.0	4.5	6.0		1.5	2.5	3.5	4.5	
4.5	2.0	4.0	5.5	7.0		2.0	3.0	4.0	5.0	
5.0	2.5	4.5	7.0	9.0		2.5	3.5	4.5	6.0	
5.5	3.0	5.5	8.5	11.0		3.0	4.0	5.5	7.0	
6.0	3.5	7.0	10.0	13.5		3.5	5.0	6.5	8.0	
6.5	4.0	7.5	11.5	15.0		4.0	5.5	7.0	8.5	

注：年齢3.5歳は3.5歳以上4.0歳未満
　　測定値が基準値と同じ値の場合はよいほうの評価を採用する。

(4) 立ち幅跳び

【測っているもの】瞬発力（パワー）、跳力

【準備するもの】マット、メジャー（2m）、ビニールテープ（細め）

【測定方法】（図6-3）

①踏み切り線に両足がかからないように立たせる。

②前方に跳躍させる。うまくリズムがとれず、跳べない子どもには、「いーち、にーい」のかけ声で反動をつけさせ、「さん！」の合図で前方に跳躍させる。

③踏み切り線に近い足のかかとの着地点を指でさし、手前のメジャーまで直線的（踏み切り線に平行）に指を移動させて、跳躍距離をcm単位で

立ち幅跳びの測定の様子

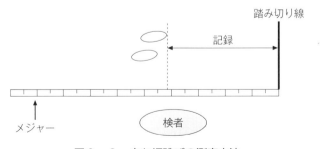

図6-3 立ち幅跳びの測定方法

表6-8　立ち幅跳びの評価の目安（筆者らの調査結果より）　　単位：cm

年齢	男児 非常に劣る	男児 やや劣る	男児 標準的	男児 やや優れる	男児 非常に優れる	女児 非常に劣る	女児 やや劣る	女児 標準的	女児 やや優れる	女児 非常に優れる
	←	←→	←→	←→	→	←	←→	←→	←→	→
3.5	39	55	72	89		38	52	66	80	
4.0	48	65	83	100		44	59	74	89	
4.5	58	76	93	111		54	70	87	103	
5.0	71	88	105	122		66	80	95	109	
5.5	81	97	123	129		72	89	105	121	
6.0	88	106	123	141		78	95	111	128	
6.5	99	116	133	150		85	102	119	136	

注：年齢3.5歳は3.5歳以上4.0歳未満
　　測定値が基準値と同じ値の場合はよいほうの評価を採用する。

計測する。

【記録】2回跳躍して、よいほうの値を代表値とする。

【評価】評価の目安は、表6-8の通りである。

(5)　長座体前屈

【測っているもの】柔軟性

【準備するもの】長座体前屈計

【測定方法】

①床に直角の壁に背中、頭、尻をつけて、計測器下に膝を伸ばした状態で座位姿勢をとらせる。

②検者は子どもの両腕を伸ばして測定器の決められた位置に手のひらを置かせ、開始位置（0cm）を設定する。

③膝を曲げないように指示した後、反動をつけさせないようにゆっくりと前屈させ、静止した地点の移動距離をcm単位で計測する。

長座体前屈の測定方法

【記録】2回計測して、よいほうの値を代表値とする。

【評価】評価の目安は、表6-9の通りである。

表6-9　長座体前屈の評価の目安（筆者らの調査結果より）　　単位：cm

年齢	男児					女児				
	非常に劣る	やや劣る	標準的	やや優れる	非常に優れる	非常に劣る	やや劣る	標準的	やや優れる	非常に優れる
	←	↔	↔	↔	→	←	↔	↔	↔	→
3.5	16.2	20.6	24.9	29.3		17.1	21.7	26.3	30.9	
4.0	16.0	20.8	25.7	30.5		17.5	22.5	27.5	32.5	
4.5	16.6	21.6	26.6	31.6		19.0	23.8	28.7	33.5	
5.0	17.0	22.1	27.3	32.4		19.9	24.9	30.0	35.0	
5.5	17.3	22.6	27.9	33.3		20.1	25.0	29.9	34.8	
6.0	18.2	23.6	29.1	34.5		21.2	26.3	31.3	36.3	
6.5	19.2	24.3	29.3	34.4		21.7	26.8	32.0	37.1	

注：年齢3.5歳は3.5歳以上4.0歳未満
　　測定値が基準値と同じ値の場合はよいほうの評価を採用する。

(6) 反復横跳び（1本ライン）

【測っているもの】敏捷性

【準備するもの】ストップウォッチ、ビニールテープ（幅2～3cm程度）

滑りにくい床面を選んで、長さ50cmほどのビニールテープを床に直線的に貼りつける。

【測定方法】（図6－4）

①検者は設置したラインの前に座位姿勢をとる。

②子どもを検者の向かい合わせでラインの左右どちらかに立たせる。そのとき、しっかりと上靴を履かせるか裸足にさせる。

③検者の「よーい、始め！」の合図とともに両足をそろえて左右に繰り返し往復ジャンプを行わせる。

④5秒間に成就した回数を記録する。1回ラインを跳んだごと（片道）に1回とカウントする。1往復で2回となる。

【記録】2回計測して、よいほうの値を代表値とする。

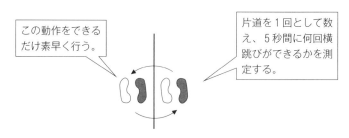

図6－4　反復横跳びの測定方法

表6-10 反復横跳び(1本ライン)の評価の目安(筆者らの調査結果より)

単位：回

年齢	男児					女児				
	非常に劣る	やや劣る	標準的	やや優れる	非常に優れる	非常に劣る	やや劣る	標準的	やや優れる	非常に優れる
	←	←→	←→	←→	→	←	←→	←→	←→	→
3.5	2	5	7	9		2	4	7	9	
4.0	3	5	7	10		3	5	7	10	
4.5	4	7	9	12		4	7	10	12	
5.0	6	9	11	14		6	9	11	14	
5.5	7	10	12	15		8	10	13	15	
6.0	9	12	14	17		9	12	14	16	
6.5	10	13	15	17		10	12	15	18	

注：年齢3.5歳は3.5歳以上4.0歳未満
　　測定値が基準値と同じ値の場合はよいほうの評価を採用する。

【評価】評価の目安は、表6-10の通りである。

(7) 25m走

【測っているもの】スピード、走力

　園庭の広さなどの問題で十分な距離を確保できないときには20m走を用いる場合もある。

【準備するもの】ストップウォッチ、ライン引き、コーン（2個）、スタート合図用の旗

　図6-5のように、幅1mの走レーンを30mにわたって引き、スタートラインから25m地点（タイム計測地点）に小さな印をし、30m地点（ゴールライン）の左右両側にカラーコーンなどの目印を配置する。

【測定方法】

①スタートラインに子どもを立たせ、スターターの「よーい」の合図でスタート姿勢をとらせる。

②「ドン！」の合図で30m先のカラーコーンまで全力で疾走させる。「ドン」の合図のとき、タイム計測者はストップウォッチをスタートさせる。

③タイム計測者は、子どもの体の胴体部分が25m地点に到達した時点でストップウォッチを止め、10分の1秒単位（小数点第1位まで）で記録する。なお、100分の1秒以下はすべて切り捨てる（四捨五入はしない）。

【記録】1回のみ計測する。時間的余裕がある場合は2回計測しても構わないが、その場合、よいほうの記録を代表値とする。

第Ⅰ部　理論編—保育における領域「健康」の理解—

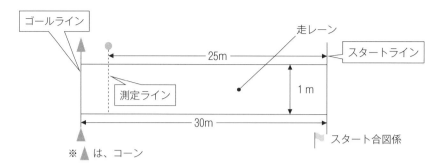

図6-5　25m走の測定方法

表6-11　25m走の評価の目安（筆者らの調査結果より）　　単位：秒

年齢	男児					女児				
	非常に劣る	やや劣る	標準的	やや優れる	非常に優れる	非常に劣る	やや劣る	標準的	やや優れる	非常に優れる
	←	｜ ↔ ｜	↔	｜ ↔ ｜	→	←	｜ ↔ ｜	↔	｜ ↔ ｜	→
3.5	11.0	9.8	8.6	7.4		11.3	10.1	8.8	7.5	
4.0	9.7	8.8	7.9	6.9		10.1	9.1	8.2	7.2	
4.5	9.0	8.2	7.3	6.4		9.1	8.3	7.5	6.7	
5.0	8.0	7.4	6.8	6.1		8.3	7.7	7.0	6.4	
5.5	7.6	7.1	6.5	5.9		7.8	7.2	6.6	5.9	
6.0	7.3	6.7	6.2	5.6		7.4	6.8	6.3	5.8	
6.5	6.9	6.4	6.0	5.5		7.2	6.7	6.1	5.6	

注：年齢3.5歳は3.5歳以上4.0歳未満
　　測定値が基準値と同じ値の場合はよいほうの評価を採用する。

【評価】評価の目安は、表6-11の通りである。

(8) 両足連続跳び越し

【測っているもの】敏捷性

【準備するもの】ストップウォッチ、ビニールテープ（幅2〜3cm程度）、メジャー（10m）、積木（おおよそ幅5cm、高さ5cm、長さ10cm）を10個

　図6-6のように、屋内にて、4m50cmの直線上に50cm間隔で10個の積木を並べる。次に、両端の積木から20cm外側にスタートラインとゴールラインをそれぞれビニールテープで設置する。

【測定方法】

①子どもをスタートラインのところに両足をそろえて立たせ、「よーい、ドン！」の合図で両足をそろえて、ぴょん、ぴょん、ぴょん……と積み木を連続ジャンプしながら、前進させる。検者は、「よーい、ドン！」の合図で

第6章●健全な発育・発達の測定と評価方法

ストップウォッチをスタートさせる。
②各積木を跳び越えているとき、検者は子どもの横に立ち、一緒について進む。止まってしまったりした場合、次の積木を跳び越すよう声かけをする。
③最後の積木を跳び越え、ゴールラインに到達したときにストップ

両足連続跳び越しの測定の様子

ウォッチを止め、スタートからゴールまでにかかった時間を10分の1秒単位で記録する（100分の1秒以下は切り捨て）。
【記録】2回計測して、よいほうの値を代表値とする。
【評価】評価の目安は、表6－12の通りである。

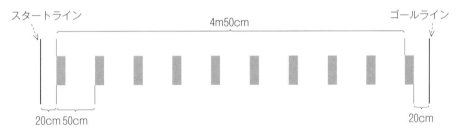

図6－6　両足連続跳び越しの測定方法

表6－12　両足連続跳び越しの評価の目安（筆者らの調査結果より）　単位：秒

年齢	男児					女児				
	非常に劣る ←	やや劣る ↔	標準的 ↔	やや優れる ↔	非常に優れる →	非常に劣る ←	やや劣る ↔	標準的 ↔	やや優れる ↔	非常に優れる →
4.0	13.2	8.8	6.3	5.0		12.6	8.9	6.3	5.2	
4.5	10.6	7.0	5.5	4.6		10.8	7.2	5.7	4.7	
5.0	9.6	6.5	5.3	4.4		9.5	6.5	5.4	4.5	
5.5	8.0	5.8	4.9	4.1		7.5	5.8	5.0	4.2	
6.0	6.7	5.4	4.6	4.0		6.6	5.6	4.7	4.1	
6.5	6.6	5.3	4.5	3.7		6.3	5.3	4.6	4.0	

注：3.5歳については基準値なし。
　　測定値が基準値と同じ値の場合はよいほうの評価を採用する。

(9) 捕球

【測っているもの】捕球能力

【準備するもの】ゴムボール（おおよそ直径12〜15cm、重さ150ｇ）を2個以上、ポール（170cm以上）2本、ポールスタンド2個、布製のひも、ラインテープ

図6−7のように300cmの間隔に2本のラインテープを貼り、真ん中150cmの位置に2本のポールを立てる。次に、2本のポールの床から170cmのところに布製のひもを取りつける。

【測定方法】

① 一方のラインの外側に子どもを立たせ、検者はボールをもって反対側のラインに立つ。

② 検者は毎回「いくよ」「投げるよ」などと合図を出して、ひもの上を越してボールを下手投げで山なりに子どもの胸のところに投げてやり、キャッチさせる。

③ 10球のうち、キャッチできた回数を記録する。

【記録】1回のみ記録する。

【評価】評価の目安は、表6−13の通りである。

捕球の測定の様子

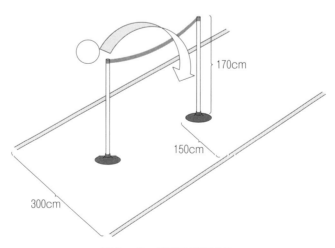

図6−7　捕球の測定方法

表6-13 捕球の評価の目安（筆者らの調査結果より）　　単位：回

年齢	男児 非常に劣る	男児 やや劣る	男児 標準的	男児 やや優れる	男児 非常に優れる	女児 非常に劣る	女児 やや劣る	女児 標準的	女児 やや優れる	女児 非常に優れる
	←	←→	←→	←→	→	←	←→	←→	←→	→
4.0	1	2	5	8		0	1	4	8	
4.5	1	3	6	9		0	2	6	9	
5.0	1	4	8	10		0	3	7	10	
5.5	2	6	9	…		2	5	8	10	
6.0	4	7	10	…		3	7	9	…	
6.5	4	8	10	…		4	8	10	…	

注1：3.5歳については基準値なし。
　　測定値が基準値と同じ値の場合はよいほうの評価を採用する。
　2：このテストは0回でも「非常に劣る」に、また10回でも「非常に優れる」に該当しない場合がある。

第3節 ● 身体活動量の測定評価

1 ── 身体活動量の測定

　幼稚園教育要領の領域「健康」におけるねらいを実現するために、子どもたちの身体活動量を適切に把握することは、保育を実践する者にとってとても有効である。身体活動量は、子どもたちの日々の運動実態や生活のリズムを反映する重要な指標である。さらに、近年問題視されている体力低下と身体活動量との関連も示されており、今後いっそう、保育のなかで注目すべき指標である。幼児を対象とした身体活動量の測定においては、日常の歩数を用いて簡易的に評価することが多い。

　それでは、身体活動量の実際の測定法について紹介する。測定方法はさまざまあるが、大きく分けて直接法と間接法に分類される。整った実験環境を要する直接法は、幼児においては非現実的であり、保育現場では間接法による測定が一般的である。間接法の代表的なものとしては、二重標識水法[※2]、心拍数法[※3]、質問紙法[※4]、加速度計法（歩数計法を含む）があげられる。二重標識水法は精度はとても高いが、コストや分析技術の難易度などの面で保育現場での適用は難しい。心拍数法は二重標識水法に比べると簡易だが、精神的緊張や気温、環境の変化を受けるという欠点がある。質問紙法は多人数

※2　二重標識水法
被測定者が酸素と水素の2つの安定同位体を含む二重標識水と呼ばれる特殊な水を飲み、後は適当なタイミングで血液、尿、唾液などの体水分を採取して安定同位体の濃度を測定する方法である。それにより、二酸化炭素の排出量、つまり消費エネルギーがわかる。消費エネルギー測定のゴールドスタンダードとされている。

※3　心拍数法
一般的に心拍数は、酸素摂取量の増加に伴い増加する。すなわち、消費エネルギーの増加に伴って身体が多くの酸素を求め、結果的に心拍数が増加する。このことを利用して、心拍数の変化を身体活動量の一つの指標とする方法である。

※4　質問紙法
調査対象者に質問項目を記載した用紙を配布し、回答を集計・分析する方法である。質問紙法による身体活動量測定法として有名なのはIPAQである。IPAQは、国際標準化身体活動質問表と呼ばれ、WHO（世界保健機関）により世界各国における身体活動量の現状把握と国際比較を目的として、成人を対象に開発された。

の測定には有効であり、子どもや保護者、保育者への負担も少ないが、測定の信頼性の点で他の方法に比べて若干劣る。そこで、現在最も広く用いられている方法が加速度計法である。従来の歩数計に加えて加速度計の機能が加えられ、活動強度も測定可能になっている。測定の信頼性や妥当性が高く、機器の使用方法も簡便であり、子どもたちへの負担も少ない。前述の通り、簡易的な指標としての歩数も測定できる点はメリットといえよう。このような背景をふまえて、以下に加速度計による測定法の留意点を示す。

加速度計の例
（e−style 2）

　加速度計にもさまざまな機種があるが、一般的にはポケットインで測定が行える機器が簡便でお勧めである。また、正確な測定結果を得るためには、測定期間中のイベントや天気、子どもたちの出欠、早退、遅刻などの情報をメモしておく。その情報はデータを分析する際に活用できる。加えて、保護者に測定方法のマニュアルを配布し、機器の装着は保育者か保護者が行うようにする。測定は複数日数継続して測定することが望ましく、できれば土日を含む1週間継続した測定が理想である。また、測定機器の選定に際しては、ぜひ、時間帯ごとの測定結果が得られるものを用いてほしい。身体活動量の測定では、ついつい1日の合計数に意識がいきがちだが、幼児期の子どもたちにとっては、身体活動の絶対量に加えて、1日の活動リズムも大切な要素である。1日の活動リズムに注目し、改善を試みることで身体活動量の増加だけでなく、さまざまな生活習慣の改善にも役立つ。

2 ── 身体活動量の評価

　加速度計を用いた身体活動量測定の評価指標としては、歩数もしくは各機器メーカーが独自の基準で示す活動量指標や活動強度になるであろうが、いかに積極的に体を動かしているかといった意味で歩数を第1の評価指標とすればよいと思われる。

(1) 歩数の評価

　2008（平成20）年以降に発表された論文をいくつかみてみると、現在の幼児の1日の歩数は13,000歩前後であることがわかる。学年進行に伴い、徐々に歩数が増加することもわかっている。筆者らが幼児144名を対象に行った調査では、平日において3歳児が10,553歩、4歳児が11,696歩、5歳児が12,296歩と徐々に歩数が多くなることが確認された（図6−8）。このように現代の幼児の歩数は1日あたり13,000歩に満たない程度であるが、体力の高い子どもたちでは15,000歩を超えるというデータも示されており、第1目標として

13,000歩、第2目標として15,000歩あたりが設定できる。

(2) 活動リズムの評価

前述した通り、身体活動量の評価に際しては絶対的な量だけではなく、1日や1週間を通した活動リズムにも目を向けるべきである。図6－9に示したように、活動量は時間帯によって異なっており、1日のなかでも「幼稚園内」が最も多く、「帰宅後」は最も少ない。また、1週間のなかでも曜日による違いがあり、幼稚園が休みになる土日祝日は活動量が減少しやすい。このような時間帯や曜日による身体活動量の違いを評価し把握することは、保護者や保育者が子どもたちの生活全体に目を向けながら、身体活動量の増加に取り組むためにもたいへん重要なことである。

(3) 身体活動量と生活習慣などの関係

身体活動量の測定結果を評価する際には、子どもたちの生活習慣や家庭環境あるいは保護者の価値観なども一緒に評価するべきであり、関連する情報を得ることが有効である。ひたすらに身体活動量の増加を求めるばかりではなく、生活習慣の改善などを通して子どもたちが活動的になるように導くことも大切である。また、身体活動への価値意識が低い保護者に対しては、時には身体活動を高めるための新たな価値観を提供することも必要であろう。このような意味でも、測定から得られたさまざまな客観的データをもとに身体活動量の重要性を訴えていくことが求められる。できれば、子どもたち一人一人の測定結果を個人票形式でフィードバックすることが望ましく、これは保護者に対する啓発効果も期待できる（図6－10）。

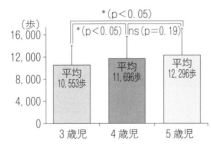

図6－8　年齢別の1日の平均歩数

出所：中野貴博・春日晃章・村瀬智彦「生活習慣および体力との関係を考慮した幼児における適切な身体活動量の検討」『発育発達研究』第46号　日本発育発達学会　2010年　p.53

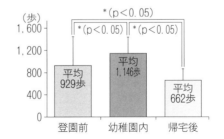

図6－9　生活時間帯別1時間あたりの平均歩数

出所：図6－8に同じ

第Ⅰ部　理論編―保育における領域「健康」の理解―

幼児身体活動量パーソナルデータ

あなたの体格と活動

みんなの目標（13,000歩）までもう少し
目標クリア目指して、外遊びをがんばろう

なまえ：
生年月日：
測定時年齢：

体力向上のための目標活動（歩数）
みんなの目標：13,000歩
チャレンジ目標：15,000歩

測定項目	測定時記録	性・学年別平均値
身長	99.3 cm	98.3 cm
体重	16.5 kg	14.9 kg

測定項目	測定結果	性・学年別平均値
活動量/平日	12,870 歩	10,198 歩
活動量/休日	9,487 歩	8,981 歩

あなたの平日の活動パターン

（活動量/時間）

※　グラフ内の活動量の数値は、機械が示す活動強度の時間毎の合計値です。数値よりも一日の活動パターンに注目して下さい。

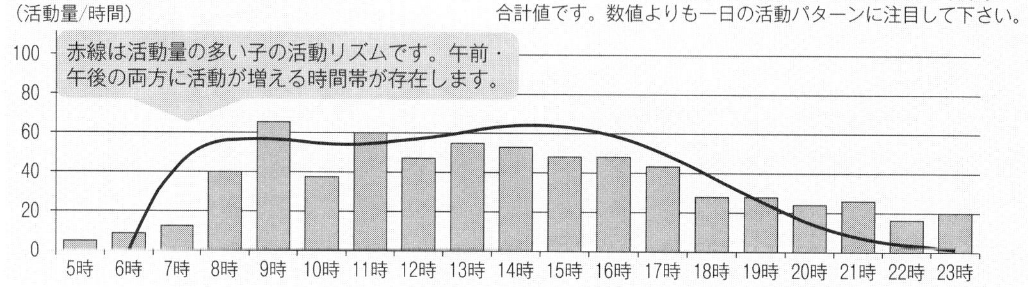

赤線は活動量の多い子の活動リズムです。午前・午後の両方に活動が増える時間帯が存在します。

あなたの土日の活動パターン

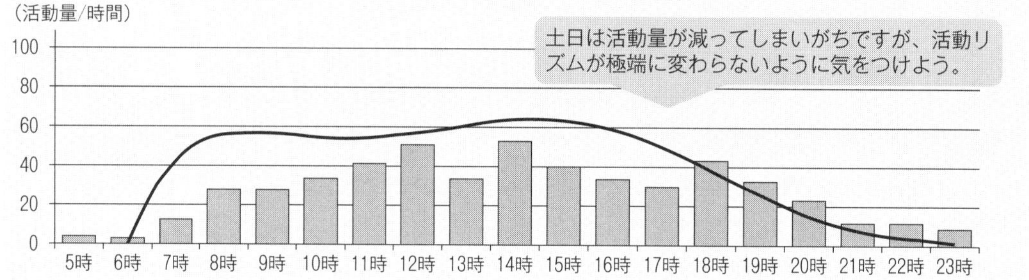

（活動量/時間）

土日は活動量が減ってしまいがちですが、活動リズムが極端に変わらないように気をつけよう。

理想的な活動パターン

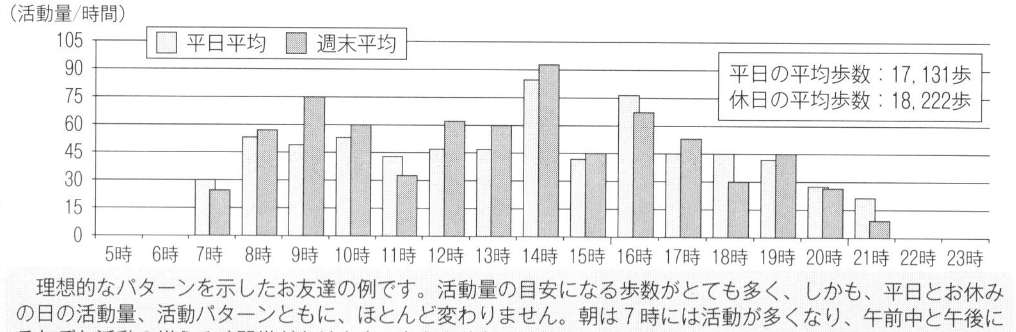

（活動量/時間）

□ 平日平均　■ 週末平均

平日の平均歩数：17,131歩
休日の平均歩数：18,222歩

　理想的なパターンを示したお友達の例です。活動量の目安になる歩数がとても多く、しかも、平日とお休みの日の活動量、活動パターンともに、ほとんど変わりません。朝は7時には活動が多くなり、午前中と午後にそれぞれ活動の増える時間帯があります。夜も9時台には就寝しています。みなさんも、こんな活動パターンになるように家族で取り組んでみて下さい。

図6-10　身体活動量の測定結果の例（個人票）

第6章●健全な発育・発達の測定と評価方法

第4節 ● 幼児の心理のとらえ方 ―運動遊びと運動有能感―

　幼少期の運動遊びなどの運動経験は、自己概念の形成に影響を及ぼすことが明らかにされている。自己概念とは、簡単に述べると自分がもっている自身に対するイメージのことである。特に、運動経験のなかで認知する運動有能感は、自己概念の形成に重要であることが指摘されている。運動有能感とは、子ども自身が運動を遂行した際に「○○ができた」などと達成・成功経験を積むことによって「自分はやればできる」といった肯定的な自己概念をもつことである。このように肯定的な自己概念を形成することで運動が好きになり、さまざまな運動に挑戦するだけでなく、自分に自信をもつことができ、日常の生活に関しても積極的に取り組むようになる[※5]（p.37、図2−5参照）。一方、今の自分では明らかにできない過度な運動をやらされたり、他の子どもと比較されたり、自分としては一生懸命やっているにもかかわらず否定されたりすると、「自分は何をやってもだめだ」といった運動無力感が形成される。運動無力感が形成されると運動嫌いや劣等感が強くなり、消極的になってしまう。

　では、保育者はどのような点に注意して子どもたちを観察し、評価することが求められるのだろうか。この点に関して、Mori and Sugihara[※6]は、直接観察法[※7]を用いて、幼児の日常の身体活動パターンが運動能力と運動有能感に与える影響について検討している。その結果、幼稚園・保育所等で活発な身体活動を経験している幼児は、静的な遊びを好む幼児に比べて、運動能力や運動有能感が高いことを報告している。つまり、身体活動に肯定的な自己概念をもっていることが運動能力に影響したといえる。したがって、保育者は子どもたちが運動有能感を獲得でき、かつ肯定的な自己概念を形成できるように、個々や集団の運動遊びを観察するなかで、主体的・自己決定的に行っているか、どのような運動遊び（動的・静的）を好んで行っているか、また、その運動遊びは継続的なのか、それとも断片的なのかを把握していくことが大切となる。

※5　杉原隆『保育内容健康』建帛社　1988年　pp.46−63

※6　Mori S. and Sugihara T., "Relationship among physical activity patterns, Perceived physical competence, and motor ability in preschool children." Canadian Society for Psychomotor Learning and Sport Psychology, 2003, p.129.

※7　直接観察法
直接観察法とは、質的研究方法の1つで、幼児の日常で起きている身体活動を観察するなかで、どのような動きを遂行しているかを身体活動パターンに分類する方法である。

第5節 ● 幼児の社会性のとらえ方 —運動遊びと社会性—

※8 髙玉和子「特集Ⅱ：幼児期の探究,子どもの社会性を育てる保育とは何か」『日本教材文化研究財団研究紀要論文』第40号 2011年 pp.53−57

※9 吉田伊津美・杉原隆「幼児の運動遊びが有能感および園での行動に及ぼす影響に関する因果モデルの検討」『保育学研究』第40巻第1号 日本保育学会 2002年 pp.91−99

※10 向社会的行動
他人を助けることや他人に対して積極的な態度を示す行動のこと。

※11 Cauley, K. and Tyler, B., "The relationship of self-concept to prosocial behavior in children." *Early Childhood Research Quarterly*, 1989, pp.51−60.

※12 杉原隆『新版幼児の心理学』建帛社 2000年 pp.36−54

　社会性とは、髙玉[※8]によると、人間関係能力と文化に適応する力としてとらえられている。つまり、社会で生き抜くための基礎のことであり、たとえば、他者と上手にコミュニケーションがとれることやルールを守ることなどをさす。このような社会性は運動遊びのなかで育っていく。なぜならば、乳幼児の生活の中心は遊びであり、運動遊びのなかで集団を通して友人関係を築いたり、ルールを守ることや工夫し遊びを発展させることを学習していくからである。この点に関して、吉田・杉原[※9]も運動遊びが向社会的行動[※10]や自己主張・自己実現などに影響を及ぼすと述べている。さらに、高い運動有能感をもつ子どもは、自分の考えや意見を自発的に述べたり、嫌なことに対してはっきりと「イヤ」と言ったり、友だちを手伝ったり、慰めたり、助けたりという行動をとる傾向が強く、社会性に優れることを明らかにしている。このような運動有能感の高さと社会性の関係に関しては、他の研究においても同様の結果が得られている（たとえば、Cauley and Tyler）[※11]。したがって、先にも述べたように運動遊びと運動有能感は密接な関係にあり、それらを向上させることは社会性を高めることにもつながるということである。

　以上のことから、運動遊びと社会性は密な関係にあるため、保育者は子どもたちがいろいろな遊びを通して十分に体を動かし、そして、他者とも多くふれ合えるように、適切な環境を設定していく必要がある。

　運動有能感を高める運動遊び指導として、杉原[※12]は、①子どもが運動したくなるような人的環境、②多様な運動を引き出す環境、③上手下手や勝ち負けを強調しない、④子どもの考えを尊重する、⑤遊びのモデルを提供することが重要であるとしている。①、②、⑤にあるように、運動有能感は環境構成により形成される部分が大きい。したがって、保育者は日々の保育のなかで子どもたちをよく観察し、「今」子どもたちにとって何が必要かを考え、環境を構成し、遊びを工夫しなければならない。

第 6 章 ● 健全な発育・発達の測定と評価方法

●学びの確認
①幼児の肥満度の測定方法および評価方法をまとめてみよう。
②運動遊びと運動有能感、運動遊びと社会性の関係性について説明してみよう。
③運動無力感を形成させないためにはどのような配慮が必要か考えてみよう。
●発展的な学びへ
①検者として体力・運動能力テストを実施し（友だちなどを被検者として）、測定方法を学ぼう。
②さまざまな身体活動量の測定方法について調べ、各方法の長所と短所をまとめてみよう。

引用文献

1）岡田知雄『よくわかる子どもの肥満』永井書店　2008年　p.4
2）Cole TJ et. al., "Establishing a standard definition for child overweight and obesity worldwide: International survey", BMJ, 320, 2000, pp.1240－1243.
3）中野貴博・春日晃章・村瀬智彦「生活習慣および体力との関係を考慮した幼児における適切な身体活動量の検討」『発育発達研究』第46号　2010年　pp.49－58
4）Mori S. and Sugihara T., "Relationship between perceived physical competence and physical activity among young children." 3rd, Asian-South Pacific Association of Sport Pshchology, 1999, pp.252－254.
5）杉原隆『新版幼児の体育』建帛社　2000年　pp.35－36

参考文献

福冨恵介・春日晃章「保護者のわが子に対する主観的体力評価と実際の体力水準の一致度―幼児期を対象として―」『発育発達研究』第56号　日本発育発達学会　2012年　pp.1－8
出村慎一監修、村瀬智彦・春日晃章・酒井俊郎編著、中野貴博他『幼児のからだを測る・知る―測定の留意点と正しい評価―』杏林書院　2011年　pp.110－123
田中千晶・田中茂穂「加速度計と幼児の身体活動量評価」『臨床スポーツ医学』第26巻9号　文光堂　2009年　pp.1079－1087
田中千晶・田中茂穂「幼稚園および保育所に通う日本人幼児における日常の身体活動量の比較」『体力科学』第58巻第1号　日本体力医学会　2009年　pp.123－130
酒井俊郎・青柳直子「子どもの身体活動量や運動強度を測定する方法」『体育の科学』第58巻第9号　杏林書院　2008年　pp.621－625
塩見優子・角南良幸・沖嶋今日太・吉武裕・足立稔「加速度計を用いた幼児の日常生活における身体活動量についての研究」『発育発達研究』第39号　日本発育発達学会　2008年　pp.1－6
田中沙織・七木田敦「幼児期の身体活動と生活リズムにおける関連性―2軸加速度計を用いた測定結果から―」『発育発達研究』第40号　日本発育発達学会　2008年　pp.1－10
加賀谷淳子・清水靜代・村岡慈歩・岡田知雄・西田ますみ・木村有里・大森芙美子「歩数からみた幼児の身体活動の実態―子どもの身体活動量目標値設定にむけて―」『日本女子体育大学附属基礎体力研究所紀要』第13巻　2003年　pp.1－8

コラム6

世界の肥満対策は子どもから

　人類700万年の歴史は飢餓との戦いでもあるといわれてきた。しかし、世界保健機関（WHO）によれば、現在では飢餓に苦しむ人（8億5,000万人）よりも、体重過多に陥っている人（肥満：4億人、過体重：16億人）のほうが多くなっている。子どもの肥満も増加中で、WHOは世界の子ども人口の約2割が肥満と推定している。肥満の子どもは肥満のおとなになる可能性が高く、若年性の糖尿病や心臓病などのリスクもあるため、未来のおとなである子どもたちを肥満から救うことが急務の課題となっており、各国でさまざまな取り組みがされている。

　デンマークやハンガリーでは食品の脂肪や糖分の含有量に応じて税金をかける「脂肪税」が、英国でも2018年4月から清涼飲料水への課税が導入され、他のEU諸国も検討中である。アメリカでは、小学校の自動販売機で水と果汁100％ジュースのみが許可され、中学校では、それに加えてカロリーや糖分が少ない飲料のみが許可されるなどの規制があり、さらにオバマ元大統領夫人が先頭に立ち"Let's Move"という肥満防止キャンペーンが進められていた。韓国では、「子ども食生活安全管理特別法」が制定され、校内で「高カロリー低栄養」に分類された食品の販売禁止、同様の食品のCMも子ども番組内で放映禁止となっている。台湾では、ファストフード店の「おまけつきお子様セット」の販売禁止法案が制定され、シンガポールでは、校内で揚げ物や炭酸飲料などの販売を制限する「Trim and Fit」プログラムが導入されている。

　日本の食育基本法（2005［平成17］年）も、さまざまな経験を通じて「食」を選択する力を習得し、健全な食生活を実践できる国民の育成を目的としている。幼少期に形成された食習慣をおとなになってから変えることは難しいため、よい食習慣を幼少期に身につけておく必要がある。

コラム7

子どもの肥満とやせの現状と環境的要因

　文部科学省「学校保健統計調査」（2016［平成28］年）によれば、17歳（平成10年度生まれ）における体重の年間発育量は、男子では11歳、女子では10歳時に最大の発育量を示し、11歳以下のほとんどの年齢で年間発育量は親世代を上回っている。肥満傾向児数は2006（平成18）年以降減少傾向にあるものの、男子10～12歳と15、17歳で10％を超え、女子11～12歳、15歳で8％以上であり、親世代と比較して1.5～2倍に増えている。一方、痩身傾向児の出現率は、男子10～13歳と15～17歳、女子10～15歳で2％以上、女子12歳で4.29％と前年度以上に増加傾向にある。

　肥満もやせも単に体重が重い軽いだけでは正確に判定できず、身体組成（体脂肪量、筋肉量、骨量等）から評価すべきである。筆者らは、幼児から小学生までを対象に約10年前から延べ5,000人の身体組成測定を行ってきた。その結果、幼児期の身体組成の特徴が明らかになり、体脂肪率は母親と娘で相関が高いこと、筋肉量は男女とも母親との相関が高いことがわかった。これらは遺伝の影響もあるが、幼児期は食生活のみならず運動や睡眠など、生活習慣に関する大部分に母親が関与しており、環境的要因が大きいと考えられる。また、データ数は少ないものの、運動遊びに熱心に取り組んでいる幼稚園の先生は、同世代の女性と比較して体脂肪率が低く、内臓脂肪量も顕著に少ないという結果が得られた。子どもたちと一緒に活動し、汗を流す生活を送っていること（環境的要因）が影響していると考えられ、毎日の積み重ねの重要性が確認できた。体を動かす習慣や運動好きは、飽食の時代にあっては一生の財産となるため、生活習慣の基礎が形成される幼児期にしっかり身につけたいものである。

規則正しい生活

適切な食生活

適度な運動

第7章 安全管理と安全教育

◆キーポイント◆

　安全とは、危険がなく、安心できる状況をさす。つまり、病気やけががなく、生命にかかわる心配がないということである。「幼稚園教育要領」および「保育所保育指針」における「健康」のねらいの一つとして「健康、安全な生活に必要な習慣や態度を身に付ける」ことが示されている。そのためには「危険な場所、危険な遊び方、災害時などの行動の仕方が分かり、安全に気を付けて行動する」ことが子どもに求められている。それは、安全についての心構えを身につけることが自分自身の体そのものを大切にしようとする気持ちにつながると考えられているからである。

　ただし、安全は幼い子どもほど、自分で意識できないものであり、周りのおとなの安全に対する意識がより重要となる。そこで、本章では安全について、第１節では「幼児のけがや事故の現状」、第２節では「安全管理と安全教育の必要性」、第３節では「幼児期におけるけがや事故の原因と特徴」、第４節では「効果的な安全管理と安全教育」について具体的な取り組みや事例から検討し、第５節では各種応急処置法、心肺蘇生法、AED使用法といった「応急処置法」について、さまざまな角度から学ぶ。

第１節 ● 幼児のけがや事故の現状

　子どもがけがをしやすくなっているという報道を見聞きする機会が多い。これは、子どもを取り巻く遊び環境の変化が原因とされている。実際に子どもの死亡原因についてまとめたものが表７－１である[1]。１～４歳までの死因の第２位と５～９歳までの第２位に「不慮の事故」がある。表中にはないものの、０歳の死因の第５位も「不慮の事故」（4.2％）である。「不慮の事故」には「交通事故」「溺死、溺水」「転落・転倒」「窒息」などがあり、低年齢ほど「窒息」の割合が高くなっている。

　教育・保育施設等[※1]における重大な事故やけがの発生が年々増加していることも明らかになっている[2]。「死亡事故や治療に要する期間が30日以上の負傷や疾病を伴う重篤な事故等」が2016（平成28）年の１年間で862（うち認定こども園・幼稚園・保育所等は574）件発生している。うち死亡事故が13件と

※１　ここでいう教育・保育施設等とは、以下の施設・事業をいう。
・認定こども園（幼保連携型・幼稚園型・保育所型・地方裁量型）、幼稚園、認可保育所、小規模保育事業、家庭的保育事業、居宅訪問型保育事業、事業所内保育事業（認可）、一時預かり事業、病児保育事業、子育て援助活動支援事業（ファミリー・サポート・センター事業）、子育て短期支援事業（ショートステイ・トワイライトステイ）、放課後児童健全育成事業（放課後児童クラブ）、認可外保育施設（地方単独保育施設・その他の認可外保育施設）、認可外の居宅訪問型保育事業

表7-1　年齢別による死因　　平成27年

年齢階級	第1位		第2位		第3位	
	死因	割合(%)	死因	割合(%)	死因	割合(%)
0歳	先天奇形、変形及び染色体異常	37.3	周産期に特異的な呼吸障害等	12.9	乳幼児突然死症候群	5.0
1～4歳	先天奇形、変形及び染色体異常	20.5	不慮の事故	14.0	悪性新生物	8.8
5～9歳	悪性新生物	22.1	不慮の事故	19.2	先天奇形、変形及び染色体異常	7.3

注1：[1] 乳児（0歳）の死因については乳児死因順位に用いる分類項目による。
　　[2] 死因名は次のように省略した。
　　　　　周産期に特異的な呼吸障害等←周産期に特異的な呼吸障害及び心血管障害
　2：割合（％）はそれぞれの年齢階級別死亡数を100としたものである。
出所：厚生労働省政策統括官（統計・情報政策担当）「平成29年　我が国の人口動態―平成27年までの動向―」p.50より筆者抜粋

なっている。死亡事故のうち、10名が「睡眠中」であり、死亡原因は不明を含む「その他」が9名と最も多く、次いで「病死」が4名となっている。年齢は0歳が7名、1歳が4名、2歳が0名、6歳が2名であり、1歳以下に集中している。発見時、うつぶせ状態の者が4名となっている。乳幼児突然死症候群（SIDS）[※2]の可能性もあり、保育者には睡眠時の確認、点検など子ども一人一人を確実に観察することが求められている。

重傷となる「負傷等」については862件と、2015（平成27）年の613件と比べると249件増加している。発生場所は施設内が776件であり、そのうち444件は施設内の室外で発生している。「負傷等」の内容をみると、最も多いのが切り傷や打撲などを伴った「骨折」で717件、次いで、指の切断、唇や歯の裂傷など「その他」が136件となっている。

子どもの養護の観点からも、保育所や幼稚園等は、安全が確保された場所でなければならないにもかかわらず、重大な事故やけがが発生している。子どもの安全を保障し、事故が起こらないために、保育者は何に配慮すべきであるかを真剣に問い続けなければならない。

※2　乳幼児突然死症候群（SIDS）
SIDSは"Sudden Infant Death Syndrome"の略称である。SIDSはその大半が生後6か月未満の乳児で起こる。何の予兆もなく、突然死がもたらされるが、その原因は未だ不明となっている。

第2節 ● 安全管理と安全教育の必要性

1 ── 安全管理の必要性

　保育現場における安全管理について、現在、細かな「安全管理マニュアル」が作成されている。これは、近年の保育現場における重大な事故やけがの増加が起因となり、保育所保育指針のなかで、各保育所において全職員の共通理解や体制づくりを図ることが推奨されているためである。ただし、「安全管理マニュアル」が存在しているだけで、子どもの安全が確保されるわけではない。普段の保育環境の点検・整備を通じて、子どもの安全は確保される（表7-2）。近年、「ヒヤリハット事例」[※3]という言葉が多用されている。ヒヤリハット事例は、職員間（保護者も含めた関係者間）で共有することにより、大きな事故やけがを未然に防ぐことができる。保育者は、保育環境や子どもの状態のわずかな変化を見逃さないようにしなければならない。

　事故やけがが発生したときに「報告書」を作成することも有効である。「報告書」の内容として、事故やけがが起こった場所や時間、事故ならば事故の具体的な状況を、けがならばけがの部位や程度、発生後の処置、保護者への対応、今後の事故予防に向けての所見などを記入する。「報告書」をただ作成するのではなく、再発防止に役立てていく視点が必要となる。「報告書」は全職員に回覧したり、いつでも閲覧できるようにし、全職員で情報を共有することで、事故やけがの再発防止につながる。また、事故やけがの発生状況がデータとして蓄積されることにより、幼稚園や保育所等（以下、園という）

※3　ヒヤリハット事例
重大な事故やけがには至らなかったものの、重大な事故につながってもおかしくない一歩手前の事例をいう。

表7-2　保育環境の整備の視点

○園庭
　・固定遊具や移動遊具の確認（破損、場所、整備状態）
　・砂場の整備　　・遮蔽物や不用物の有無
○保育室周辺
　・保育室前のテラスやベランダ　　・ドアの状況（鍵、破損）
　・机の配置、ロッカーの位置
○保育室以外の設備（遊戯室、プール）
　・床の状態（滑りやすさ、破損、整備状態）
　・ドア、窓ガラスなどの状態（破損）
○トイレ、水飲み場
　・床の状態（滑りやすさ、破損、整備状態）

での事故やけがの特徴を分析することが可能となる。分析の結果もふまえ、保育者は日頃から事故やけがと真剣に向き合い、子どもにとってより安全な環境を構築していかなければならない。

2 ── 安全教育の必要性

子どもへの安全教育は、園における安全管理指針によって計画されなければならない。計画は1年間を見通して作成されることが求められる。

安全教育の視点としては以下の3つがある[3]。

① 生活安全

室内での過ごし方、遊具の使い方など、子どもの身のまわりに潜んでいる園内外の危険な場所や危険な行動を意識することに注意喚起するもの。不審者対応も生活安全に含まれる。

② 交通安全

道の歩き方、信号の見方といった交通ルールや危険回避にかかわる点に意識するもの。

③ 避難訓練

地震、火災、水害などによって、園内で異常が発生した際に適切な行動ができるかどうかを意識するもの。避難訓練では子どもだけでなく、保育者自身も適切な判断・行動ができるかが大切である。

子どもへの安全指導では、言葉だけでなく、具体的に伝えること、何度も繰り返して教えること、けがや体調に変化があったときは必ずおとなに伝えるように日常から子どもに指導することが大切である。たとえば、子どもに安全を伝える工夫として「おはしも」[※4]などのスローガンがある。園によって差異はあるものの、安全を意識するための工夫としては有効である。

※4 おはしも
子どもが火災や地震などで避難する際、心がけておくべき事項をわかりやすくフレーズにしたものである。①おさない、②はしらない、③しゃべらない、④もどらないの頭文字をとって「おはしも」と呼ぶ。

第3節 ● 幼児期におけるけがや事故の原因と特徴

第1節で述べた「不慮の事故」は、どのような状況で発生するのだろうか。「溺死、溺水」の場面では、プールでの溺死を思い浮かべるかもしれない。しかし、「溺死」する場面はプールだけではなく、「水」が関連する場面では「溺死」の確率が極めて高くなる。乳児では、浴室、特に浴槽への転落や洗濯機での溺死が目立つが、年齢が高くなるにつれて、プール、川、海などで

の「溺死」が多くなる。また、バケツやトイレといった意外な場面での「溺死」もみられる。「転落・転倒」は、スリップやつまずきといったものから、ステップや階段などの段差からの転倒や転落があり、最も危険なものはテラスや建物からの転落がある。

　園でのけがや事故の特徴について総括的に研究した報告がある[4]。そこでは、事故やけがの発生については、経験則から週明けと週末に多いと予想していた。理由として、週明けは休み中の家族との外出などによる疲労によって、また週末は1週間通園した疲労によって、子どもたちの事故やけがが多くなるのではないかということであった。しかし、結果は木曜日が一番多く、続いて金曜日、水曜日であった。月曜日も少なくないものの、その数は木曜日の約半分であった。また、全国保育園保健師看護師連絡会での調査結果を引用し、比較検討をしている。それによると、発生曜日は、月曜から金曜まではほぼ同じ割合（月曜日17％、火曜日19％、水曜日18％、木曜日21％、金曜日21％）が示されており、事故やけがの発生時間は外遊びや活動量が多い9～11時と16時頃に多くなっていた。

　上記研究は、保育現場での経験をもとに仮説が設定されたが、結果はいずれも経験則を超えるものであった点が興味深い。つまり、事故やけがは、保育者の感覚のみで理解できるものではないということである。前述したような「報告書」の積み上げに加えて、事故やけがを多角的に分析し、それを安全管理に活かすというサイクルを構築することが大切であろう。同時に、子どもの心身の発達特性と事故やけがとのかかわりも看過できない。幼児期は、他の時期と比較しても身体の発育や運動能力などが未熟であり、さらに、子ども一人一人の性格、興味や関心、行動範囲なども個人差が著しいため、その点にも配慮して安全管理をしなければならない。

第4節 ● 効果的な安全管理と安全教育

1 ── 効果的な安全管理

(1) 長期的な安全管理計画

　安全管理は管理者（園長）を中心に、計画に基づいて実施され、その計画は数年にわたる。園の建物、設備や遊具には耐用年数がある。特に地震災害時、経年劣化した壁、天井、家具、遊具の倒壊や崩落によって発生する事故

第7章●安全管理と安全教育

を未然に防ぐためには、日々の点検はもちろんだが、長期的な計画もまた必要であることを忘れてはならない。

(2) 日常的な点検作業

幼児の事故を未然に防ぐために、園舎、園庭、遊具、道具など、幼児の周囲にあるものすべてについて、事故につながる不具合がないかを毎日点検する必要がある。不具合がみつかったら、できるだけ速やかに管理者に報告し、修繕や使用を禁止するなどの対策を講じなければならない。

実際の点検は、目視によるだけでなく、手で表面を触る、揺すってぐらつきを確かめる、ハンマーでたたいて音を聞くなど、五感を総動員して行い、不具合の兆候をいち早く発見するように努める。点検は同時に複数で行えれば理想的だが、1人ずつ交代で行ってもよい。要は、多くの人が多角的に点検することで、危険の見落としを最小限に食い止めることである。

(3) 幼児の状態の把握

幼児の心身の状態を把握することは、事故の予防において最も重要なことである。幼児の情緒が不安定なら、幼児同士のトラブル、不注意や無鉄砲な行動が増加すると予測できる。体調不良なら機敏な危機回避行動をとれずに事故につながる可能性が高くなる。保育者は、幼児一人一人の状態を的確に把握し、要注意とみれば即座に対策に乗り出さなければならない。

(4) 安全マップの活用

園内の危険箇所をまとめた安全マップを作成してビジュアル化することで、教員間で情報を共有することができる。たとえば、職員朝礼時に、安全マップを用いて安全点検の結果を報告すれば、正確かつ速やかな情報伝達が可能になる。安全マップは随時更新し、常に最新の状態を維持する。

安全マップは、各教室にも設置しておきたい。幼児とともに安全マップにしたがって危険箇所を見回ることで、安全教育の一貫にもなる。同時に、幼児の動線を確認し、幼児目線から点検箇所をみる機会になり、安全マップのバージョンアップにつながる。

(5) 「ヒヤリハット事例」の報告

各園の実情に合わせて安全管理マニュアルを作成しておけば、安全管理の水準を保つのに極めて有効である。一方、保育現場では、しばしばマニュアルにはない事態が生じる。保育現場での「ヒヤリハット事例」は、予測しき

れなかった潜在的危険を教えてくれる。ちょっと変だな、何かおかしい、と違和感を感じたら、迷わず管理者に報告すべきである。これらの報告を安全マップや安全管理マニュアルに反映させ、さらに「ヒヤリハット事例」研修会を行うなどして情報の共有化を図ることが大切である。

(6) 地域との連携

かつて、地域における幼児の安全は、地域コミュニティに負うところが大きかった。しかし、都市化の進行によって地域コミュニティの多くは解体され、代わりに、子どもたちを媒介とした「ママ友」など、新しいコミュニティが発生した。幼稚園や保育所等の保育施設は、これら新しいコミュニティにとってのハブ基地となり得る。保育者はさまざまなコミュニティとの連携を適切に行い、不審者への対応や災害時の避難所の確認など、防犯や防災についての情報の集約と発信を行っていく必要がある。

2 ── 効果的な安全教育

(1) 幼児の危機回避能力を育む運動遊び

つまずいて転んだときに手が出ず、顔面にけがを負う子どもの増加が指摘されてから久しい。また、子どもたち同士が衝突する事故も多い。幼児の運動発達の遅れとそれに伴う危機回避能力の低下は、早急に対策を講じなければならない問題である。ここでは、危機回避能力を高めるために、より効果的な運動遊びを提案する。

① 転倒によるけがを防ぐための運動遊び

転倒が大事に至らないようにするためには、できるだけ転ばせないように（過保護に）するのではなく、転んでも安全な環境で転ぶ経験を積ませるとよい。そうすることで、子どもは受け身を自然に身につけていく。どの保育施設にも備えられているマットを使うことで、転倒しても安全な環境を構成できる。マット上ですもうをとったり、さまざまな姿勢でバランスを維持したり、跳び箱や平均台からマットに飛び降りたりすることで、転倒時の身のこなしを高めることができる。

Gボール（大きなプラスティックゴム製のボール、バランスボール）は、近年、学校教育の現場で教材として取り上げられ、普及が進んでいる。おなかでGボールに乗れば、普段はなかなかできない腕で体重を支える姿勢が簡単にできる。背中で乗って背伸びをすれば、逆さ感覚を味わうことができる。Gボールは、その素材と形状による不安定さをもっており、幼児はGボール

で遊んでいる間に、何度もバランスを崩しかけたり、転んだりする。このような経験が、転んだときにとっさに手を出したり、ダメージが少ない転び方をするといった危機回避能力を育てる※5。

② 衝突事故を防ぐための運動遊び

　幼児は1つのことに夢中になると、周りが見えなくなりがちである。周りを見ずに一目散に走る幼児同士が衝突して事故が起きるのである。このように、幼児は「（周りを）見ながら動き、考えながら動く」能力が未発達である。本来この能力は、豊かな環境のなかで遊ぶことで発達してきた。しかし、近年、運動経験の質・量が低下し、自発的な運動遊びだけでは「見ながら動き、考えながら動く」能力を十分に獲得できなくなってきている5)。そこで、鬼ごっこを「見ながら動き、考えながら動く」運動遊びととらえ直し、工夫して実施することを提案する。たとえば、鬼を複数にすることで、より周りを見ることを促すことができる。1人の鬼ばかりに気をとられていると、他の鬼につかまってしまうからである。しっぽとりゲームでは、まわりがすべて鬼となるため、状況がさらに複雑になり、「見ながら動き、考えながら動く」ことを促す。ただし、すぐにゲームが終了しないように、しっぽを複数にするなどの工夫が必要である。このように、普段行っている運動遊びであっても、安全の観点からとらえ直すことで、行う意義や新しい楽しみ方を発見するきっかけになる。

※5　Gボールを使用するうえでの注意点
Gボール使用中のけがを予防するためには、保育者の監督のもとで使用するとともに、①ボールの上に立とうとしないこと、②友だちにボールをぶつけないこと、③サッカーを真似てヘディングしないことの3つの約束を必ず守らせる必要がある。さらに、Gボールから落下しても安全を確保できるよう薄手のマットを敷くとよい。

(2) 生活の安全

　幼児の安全な日常生活は、基本的生活習慣が身につき、安定した情緒のもとに築かれることを常に念頭に置くことが大切である。そのうえで、前述した安全マップなどを活用して、幼児と保育者がともに生活の安全を守るとの立場で指導していく。砂場の砂を友だちにかけない、築山の上では友だちを押さない、すべり台ではカバンや水筒をかけて遊ばないなど、遊びのルールは、その場所に実際に行って、どうしてしてはいけないのかを具体的に説明する。また、幼児には異常をみつけたら保育者にすぐ知らせるように指導しておくことも大切である。

　交通安全の習慣を身につけるためには、交通安全に必要な行動を具体的に繰り返し指導する必要がある。季節ごとに交通安全指導員による指導を受けて学習することも有効である。交通ルールやマナーに関心をもたせ、園庭につくった道路を模したコースを1人で横断してみるなど、自ら考えて判断する機会も与えたい。

(3) 緊急時の安全

災害時にも幼児一人一人が保育者の適切な指示にしたがって落ち着いて行動できるように、定期的に避難訓練を行うことが必要である。幼児は恐いと感じる対象から身を隠すことによって安全が得られると理解している[6]ことから、災害時に保育者の目の届かないところに隠れてしまうことがないよう避難訓練で徹底したい。避難訓練は、火災、地震（津波）、不審者侵入など、想定される緊急事態ごとに実施し、災害時の保護者への連絡や幼児の引き渡し方法も確認しておく。また、普段の生活から、「おはしも（おさない、はしらない、しゃべらない、もどらない）の約束」にふれておき、訓練時には確実に実行できるようにしておく。

不審者に遭遇した場合の対応は、警視庁考案の防犯標語「いかのおすし（ついていかない、車にのらない、おお声を出す、すぐ逃げる、しらせる）」にまとめられる。幼児には、これらについて寸劇などを通して具体的に理解させる必要がある。いざという場面でとっさに大声を出すことは意外に難しいので、一度は大声を出す練習をしておきたい。

第5節 ● 応急処置法

身体的および知的に未成熟な幼児はさまざまな事故を起こし、けがをすることが多い。間違った処置を行えば、症状の悪化につながることもある。けがの悪化を防いだり、生命を救うためにも、保育者は適切な処置を理解し、いつでも実行できるようにしておく必要がある。

1 ── 応急処置の基本

(1) RICE法

けがをしたときの基本的な処置としてRICE法がある。RICEは"Rest"（安静）、"Icing"（冷却）、"Compression"（圧迫）、"Elevation"（挙上）の頭文字をとったものである。打撲（だぼく）や捻挫（ねんざ）など、運動中によく起こるけがに対応できる応急処置である。

第7章●安全管理と安全教育

表7－3　RICE法

応急処置法	内　容
Rest（安静）	無理に動かすと痛み、腫れ、出血などがひどくなるので、まずは安静にする。
Icing（冷却）	患部を冷やすことにより、血管が収縮し、内出血を抑え、腫れや痛みを最小限にする。けがをしたら直ちに行い、最低15～20分は冷やすのがよい。
Compression（圧迫）	テーピングや包帯で患部を圧迫する。圧迫により、内出血や腫れが緩和される。
Elevation（挙上）	患部を心臓より高く挙げる。挙上することにより、患部に血液が流れにくくなるため、痛み、腫れ、内出血が緩和される。

(2) 止血法

止血法には、直接圧迫止血法、間接圧迫止血法、止血帯法がある。基本は直接圧迫止血法であるが、直接圧迫止血法での止血が困難な場合、間接圧迫止血法や止血帯法を利用する。いずれの方法においても、強く圧迫しすぎると血液の循環が悪くなったり、神経が圧迫されることもあるので注意が必要である。なお、血液を処理する際は、感染予防のため、できるだけ使い捨て手袋を使う。やむを得ず、素手で処置した場合は、手洗いを入念に行う。

① 直接圧迫止血法

出血部位に清潔なガーゼやハンカチなどを当て、強く圧迫する（図7－1）。圧迫後、出血部位を心臓より高い位置にする。

② 間接圧迫止血法

傷口ではなく、傷口よりも心臓側にあり、傷口に一番近い止血点を圧迫する（図7－2）。止血法としては一般的ではない。

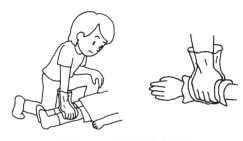

図7－1　直接圧迫止血法

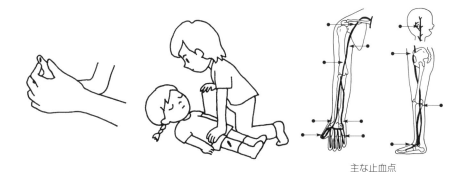

主な止血点

図7－2　間接圧迫止血法

③ 止血帯法

図7-3のように、棒（棒状の物）を利用する止血法である。布（包帯、三角巾）の結び目に挟んだ棒を数回ねじって締めつけ、出血が止まったところで固定する。10分ごとに棒を緩めて、うっ血を防ぐ。組織や血管が損傷する可能性があるため、止血法としては最終的な手段である。大きな血管のある腕と足でのみ利用できる。

図7-3　止血帯法

2 ── 各種応急処置法

(1) 創傷（すり傷、切り傷、刺し傷）

① すり傷
皮膚の表面がすりむけた状態の創傷である。

【応急処置】
①創傷部を水で洗浄し、土や砂を洗い流す（化膿や破傷風への感染を防ぐ）。
②消毒を行い、清潔なガーゼで傷口を覆い、その上から絆創膏か包帯を巻く。
　＊　傷口は乾燥させないほうが治りも早く、傷跡も残らないため、できるだけ乾燥させないようにする。乾燥防止にラップや傷パッド（適度な湿潤環境を保ち、傷を早く治す絆創膏）を使用するのがよい。

② 切り傷
鋭い器物によって皮膚の表面が切られた創傷である。

【応急処置】
①止血する。
②傷口が汚れていれば、洗浄する。
③消毒を行い、清潔なガーゼで傷口を覆い、その上から絆創膏か包帯を巻く。
　＊　傷が1～2cm以上の深い傷のときは、止血の処置をした後、医療機関で治療を受ける。

③ 刺し傷
画びょう、釘、とげなど、尖った物が体に突き刺さったけがである。

【応急処置】
①出血がある場合は止血する。
②とげや画びょうなど抜ける物であれば、消毒したとげ抜きや針などで抜く。ガラスの破片や刃物など抜くのが困難な場合は、医療機関へ搬送する。

第7章●安全管理と安全教育

＊　無理に抜くと傷を大きくする可能性があるので、処置が困難な場合は、無理に抜かず、医療機関へ搬送する。
＊　とげが抜きにくいときは、5円や50円硬貨の穴の部分をとげが刺さった部分に合わせ、硬貨を押しながら抜くと容易に抜ける（図7－4）。

図7－4　刺し傷

(2) 捻挫

手や足などの関節に無理な力がかかり、靭帯や腱が損傷したけがである。ぶつかったり、転んだときに足首を捻り、捻挫になることが多い。

【応急処置】
①氷水や氷嚢などで、痛みのある周辺を20～30分ほど冷やす（痛みと内出血を防ぐ）。
②患部が動かないように包帯で固定する。包帯の上から冷やし続ける。
③患部を心臓より高い位置にする（内出血を防ぐ）。
＊　冷却スプレーは凍傷になる可能性があるので、子どもへの使用は控える。

(3) 脱臼

肩や肘など、関節が外れた状態のことである。幼児期には比較的多いけがであり、手を引っ張ったり、手をついて転んだ際によく起こる。脱臼は繰り返しやすいため、脱臼しやすい子どもは注意深く観察しておく必要がある。

【応急処置】
①副子（添え木）を当て、包帯などで患部を固定する。
②包帯の上から氷嚢などで患部を冷やす。
③患部を動かさないようにしながら、医療機関へ搬送する。
＊　症状が悪化する可能性があるため、専門家以外は整復して治そうとしてはいけない。

(4) 打撲

身体に強い外圧が加わり、皮膚が破れずに身体内部の組織が損傷するけがである。物や人にぶつかる、遊具から落ちるなど子どもに多いけがである。
（頭部の打撲は、p.151を参照）

【応急処置（頭部以外の打撲）】
①傷がある場合は傷口を洗浄し、止血、包帯固定の処置をする。
②打撲箇所を氷水や氷嚢などで冷やす。

③打撲箇所に負担がかからない姿勢で休ませる。

(5) 骨折

子どもの骨折発生率は増加しており、応急処置は重要である。

【応急処置】
①出血がある場合は止血する。
②副子を利用し、患部を固定する（患部は無理に動かさない）（図7-5）。
③冷やしながら、医療機関へ搬送する。
   * 副子は長さ、強さ、幅が適切なものを選ぶ。できるだけ軽く、丈夫なものがよい。腕であれば、板、段ボール、週刊誌など、手や指であれば、ボールペン、厚紙などが利用できる。
   * 骨折は外見からはわからないこともあるため、疑わしいときは早めに医療機関に行くのがよい。

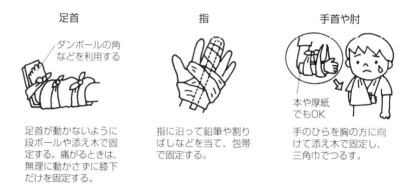

図7-5　副子の固定

(6) 鼻血

鼻血は鼻の粘膜の弱い幼児によく起こる。鼻血がすぐに止まる場合は心配ないが、長時間続いたり、出血量が多い場合は、医療機関に行く必要がある。

【応急処置】
①椅子に座らせ、少し前かがみにする。
②親指と人差し指で鼻の下部をやや強めにつまんで、圧迫する。5～10分ほどで止まる。
③脱脂綿かガーゼをつめる。
④冷たいタオルや氷嚢で鼻を冷やす。
   * ティッシュペーパーは繊維が粘膜に付着したり、繊維が硬く、粘膜を傷つける可能性があるため、できるだけ脱脂綿やガーゼを使用する。

＊　上を向かせたり、仰向けに寝かすのは鼻血がのどに入るため、行ってはいけない。また、首の後ろをたたくのも間違った処置である。

(7)　熱中症
　子どもは体温調節機能が未発達なため、熱中症にかかりやすい。運動時の環境把握が大事であり、気温だけでなく、湿度、風通し、日差しなどにも注意を払っておく。症状が急激に悪化することがあるので、早めの処置が大切である。
【応急処置】
①涼しい場所に搬送し、衣服を緩め、安静にする。
②体を冷やす。水をかける、頭、首、わきの下、足のつけ根などに氷嚢を当てる、うちわであおぐなど、あらゆる手段で体を冷やす。
③水分を与える。薄い食塩水やスポーツドリンクなどがよい。
④意識障害や全身けいれんがある場合は、直ちに医療機関へ搬送する。

(8)　やけど
　治りが遅くなったり、跡が残ることもあるので、直ちに冷やすことが重要である。
【応急処置】
①最低でも20分は冷やす。衣服着用の部分がやけどになった場合は、衣服の上から水をかけて冷やす。
②患部を保護する。何も塗らずに清潔なガーゼで患部を覆い、包帯やテープでガーゼを止める。
　＊　水疱（水ぶくれ）は、つぶすと感染を起こしやすく、治りが遅くなるため、つぶさない。
　＊　広範囲のやけどや皮膚が白色や黒色のように変色している場合は、医療機関へ搬送する。

3　幼児期に特に重要な応急処置

(1)　頭部打撲
　子どもはおとなよりも体に対する頭部の割合が大きく、反射神経も未発達なため、転倒や転落の際、受け身がとれず、頭部を打つことが多い。頭を打った直後は問題なくても、数時間後に吐いたり、意識を失うことがある。打った直後に意識があるからといって安心してはならない。受傷後48時間は特に

第Ⅰ部　理論編―保育における領域「健康」の理解―

注意深く観察し、その後も2週間程度は子どもの様子を注意してみておく必要がある。

頭部に出血がある場合、出血量が多くなる。子どもに過度な不安を与えないように、保育者は落ち着いた態度で止血を行う。

【応急処置（意識がない場合）】

①けいれんや意識障害がある場合、呼吸が楽にできるように衣服を緩め、舌根の沈下を防ぐように、顔を横に向けて寝かせる。嘔吐がある場合（嘔吐しそうな場合）も、吐いた物がのどにつまらないように顔を横に向けて寝かせる。

②救急車を呼ぶ。

③救急車到着までの間、呼吸と脈拍に注意し、状況によっては人工呼吸と胸骨圧迫（心臓マッサージ）を行う（p.154、図7－6～図7－8参照）。

＊　耳や鼻から出血があるときは頭蓋底骨折の可能性があり重篤である。

【応急処置（意識がある場合）】

①意識があることを確認した後、安静にする。打撲箇所を下にしないように寝かせる。

②打撲箇所を冷たいタオルで冷やす。

③経過を観察する（受傷後48時間は特に注意深く、その後2週間程度は様子をみておく）。

(2) 熱性けいれん

発熱しているときに起こるけいれんである。原因不明であるが、生後6か月～6歳までの子どもに多い。それ以降はほとんどみられない。熱性けいれんのけいれんは5分以内に治まることが多い。

けいれんを起こすと、白目をむいたり、歯を食いしばったりするが、落ち着いて対応する必要がある。無理に押さえつけたり、口に何かを詰め込んではいけない。熱性けいれんで舌をかみ切ることはない。熱性けいれんでは後遺症の心配はないが、再発する場合がある。

子どもが起こすけいれんには熱性けいれん以外にも、髄膜炎、脳炎、熱中症、てんかんなどが原因となって起こるけいれんがある。子どものけいれん発作の有無や頻度について、保護者としっかり情報交換しておく必要がある。

【応急処置】

①時間を計り始める。

②衣服を緩め、仰向けに寝かせる。嘔吐した場合は、顔を横向きにして、寝かせる。口のなかに食べ物がある場合は、指でかき出す。

③観察する。熱性けいれんの場合、5分以内にけいれんは治まり、意識が回復する。
④けいれんが治まらないときや、治まっても意識が朦朧(もうろう)としている場合は、医療機関へ搬送する。医師にはけいれんしていた時間やけいれんにいたった経緯を伝える。

(3) アナフィラキシー

アナフィラキシーとは、短時間に全身にあらわれる激しい急性のアレルギー症状である。症状には、じんましん、嘔吐、腹痛、口や手足のしびれ、呼吸困難などがある。重度のアナフィラキシーショックの場合、血圧低下や意識障害を引き起こし、死に至る危険性がある。原因は、食物、薬物、ハチ毒、抗菌剤、血液製剤などの原因物質(アレルゲン)への接触や摂取である。子どもの場合は、食物が原因となるケースが多い。

アナフィラキシーの症状があらわれたときは、アドレナリン自己注射薬「エピペン®」を注射する。エピペン®は、アナフィラキシーの症状を一時的に抑える補助治療剤である。子ども本人や保護者が注射できない場合は、保育者が代わりに注射する。エピペン®は、本人もしくは保護者が注射する目的でつくられたものであるが、人命救助の観点からやむを得ない場合、保育者が注射しても問題ない(医師法違反にあたらず、法的にも責任を問われない)。保育者は、エピペン®に対する一般的知識を学んでおく必要がある。また、処方を受けている子どもについての情報を教職員全員で共有し、緊急時の対応を決めておく必要がある。

【応急処置】
①エピペン®を太もも前外側に注射する。
②注射後は直ちに医療機関へ搬送する。
　(エピペン®の効果は10〜15分程度)
　＊ エピペン®の詳細な使用方法は、製造販売会社のホームページなどを参照のこと。

製品(エピペン®注射液)0.3mg

エピペン®の注射

4 ── 心肺蘇生法

心肺蘇生法とは、呼吸が止まり、心臓も動いていない人を救命するための救助処置である。以下の手順で行う。

①意識を確認する

声をかけ、肩を軽くたたき、意識の有無を確認する。乳児の場合、足の裏を刺激し、反応を確認する。

②助けを呼ぶ

119番通報とAED（自動体外式除細動器）の手配を周囲の人に依頼する。

③呼吸を確認する

呼吸音を聞くと同時に、胸部と腹部の動きを観察し、呼吸の有無を確認する。呼吸がなければ、胸骨圧迫（心臓マッサージ）に移る。

④胸骨圧迫を30回する

小児（1歳以上8歳未満）の場合、片方の手のつけ根で、胸骨の下半分の部位を、乳児（1歳未満）の場合、片手の2本の指（中指・薬指）で、左右の乳首を結ぶ線より指1本分下の部位を圧迫する（図7－6）。圧迫の強さは、小児、乳児とも胸の厚さが約3分の1くぼむ程度である。毎分少なくとも100回のテンポで30回圧迫する。

⑤気道を確保する

片手を額に当て、もう一方の手の人差し指と中指（乳児なら人差し指1本）をあご先に当てて軽く上げる（図7－7）。

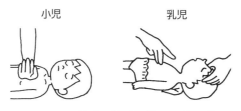

図7－6　胸骨圧迫（心臓マッサージ）

図7－7　気道確保　　　　　　　　　　　図7－8　人工呼吸

第7章●安全管理と安全教育

＊　子どもの首は柔らかいので、後方に傾けすぎないように注意する。
⑥人工呼吸を2回する
　鼻をつまみ、口を覆って、息を吹き込む（乳児なら鼻と口をまとめて覆う）（図7－8）。胸が軽くもち上がるのを確認する。1回は1秒ほどで、1回目の後は一度口を離し、2回目を行う。子どもは肺容量が少ないので、吹き込みすぎないように注意する。吹き込む量は、胸がもち上がる程度でよい。
⑦心臓マッサージと人工呼吸を継続する
　救急車到着までの間、心臓マッサージ30回と人工呼吸2回を続ける。AEDが到着したら、AEDを使用する。

5 ── AED（自動体外式除細動器）

　AEDとは、自動的に心電図を解析し、必要に応じて電気的なショック（除細動）を与え、心臓の働きを戻すための医療機器である。一般の人のAED使用も法律で認められ、音声指示にしたがえば誰でも使用できる。できるだけAED使用に関する講習会などに参加しておくとよい。
①AEDの電源を入れる（図7－9）。
②電極パッドを貼る（貼る位置は、パッド本体または袋に図示されている）（図7－10）。
　＊　未就学児の場合、小児用電極パッド（パッドのサイズが小さく、流れる電流は成人用の約3分の1）を使うことが望ましいが、なければ成人用のAEDを使用してよい。
③コネクターをAED本体につなぐ。
④心電図解析が始まり、その後は音声指示にしたがい、実施する（図7－11）。

AEDは傷病者の頭部の近くに置き、電源を入れる。

図7－9　AED（自動体外式除細動器）

パッド本体または袋に図示されている位置にパッドを貼る。

図7－10　小児用電極パッドを貼りつける位置

音声指示にしたがい、実施する。

図7－11　AEDの実施

第6節 ● 幼児の疾病とその対応策および衛生管理

1 ── 幼児の疾病

　疾病の定義は必ずしも容易ではない。どこまでを疾病とするかもさまざまな見解があるが、ここでは、「本人が心身に不都合を感じ、改善を望むような状態」とする。

　幼児は、免疫や抵抗力が未発達であり、成人に比べて疾病にかかりやすく、病気の進行が早い。幼児期の疾病としては、近年アレルギー系の疾病が増えている。食物アレルギーは、1歳未満の乳児が最も多く発症する。他にも、精神的な原因で起こる心身症（食欲不振や夜尿）、脳の機能障害が原因と考えられてきている小児自閉症、けいれん症状を示すてんかん、子どものがんといわれる白血病なども少ないとはいえ、留意しておくべきである。また、幼児の肥満にも注意が必要である。さらに、幼児期の疾病のなかでは呼吸器系の疾病がかなり多く、そのほとんどが感染症に属している。大部分は鼻から喉までの急性炎症症状を示す「かぜ」症候群である。以下に感染症についてまとめる。

2 ── 感染症について

　園は、多くの乳幼児が集団で長時間生活をともにする場である。一度感染症が発生すると蔓延しやすいため、感染症の予防および対策が重要である。厚生労働省より「保育所における感染症対策ガイドライン」[7]が公表されており、それを参考に説明する。

(1) 感染症成立の三大要因およびその対策

　ウイルスや細菌などの病原体が宿主（人や動物等）の体内に侵入し、発育または増殖することを「感染」といい、その結果、なんらかの臨床症状があらわれた状態を「感染症」と呼ぶ。病原体が体内に侵入してから症状があらわれるまでにはある一定の期間があり、これを「潜伏期間」という。潜伏期間は病原体によって異なるため、幼児がかかりやすい感染症の潜伏期間を知っておく必要がある。

　感染症が発生するためには、その原因となる病原体、その病原体が宿主に

伝播される（伝わり、広まる）感染経路、そして病原体の伝播を受けた宿主に感受性が存在する（予防するための免疫が弱く、感染した場合に発症する）ことが必要である。病原体、感染経路、感受性の3つを感染症成立のための三大要因という。

① 病原体

感染源である患者が病原体をどこから排泄し、いつからいつまで排泄するのか、排泄された病原体はどのような経路をたどって他の人へ到達するのかを知ることにより、感染源対策となる。

② 感染経路

幼児の感染症の感染経路は、主に4つある。それぞれの特徴と対策について説明する。

- 飛沫感染

感染している人が咳やくしゃみ、会話をした際に、口から飛ぶ病原体が含まれた小さな水滴（飛沫）を近くにいる人が浴びて吸い込むことで感染する。飛沫が飛び散る範囲は1～2mである。

対策の基本は、「病原体を含む飛沫を浴びて吸い込まないようにすること」である。守るべき事柄としては、咳やくしゃみを人に向けて発しない、咳が出るときはできるだけマスクをするなどである。

- 空気感染（飛沫核感染）

感染している人が咳やくしゃみ、会話をした際に、口から飛び出した小さな飛沫が乾燥し、その芯となっている病原体（飛沫核）が感染性を保ったまま空気の流れによって拡散し、近くの人だけでなく、遠くにいる人もそれを吸い込んで感染する。

対策の基本は「発病者の隔離」と「部屋の換気」である。

- 接触感染

感染源である人への直接接触による感染（握手、だっこ等）と汚染された物を介して起こる間接接触による感染（ドアノブ、手すり、遊具等）がある。通常、身体の表面に病原体が付着しただけでは感染は成立せず、接触感染の場合、最終的には病原体の付着した手で口、鼻、目をさわる、あるいは病原体の付着した遊具などをなめることによって病原体が体内に侵入して感染する。

対策の基本は「手洗い」であり、手首の上まで、できれば肘まで、石鹸を泡立てて流水で洗浄する。手をふくのは布タオルではなくペーパータオルが望ましい。

- 経口感染

　病原体を含んだ食物や水分を経口で摂取することによって、病原体が消化管に達して感染する。

　対策の基本は、「食材を衛生的に取り扱い、適切な温度管理の下で保管し、病原体が侵入している可能性のある食材はしっかりと加熱すること」である。

③ 感受性

感染が成立し感染症を発症するとき、宿主はその病原体に対して感受性があると考えられる。感受性のある者がワクチンを接種すること（予防接種）により、あらかじめその病気に対する免疫を獲得し、感染症が発生しても罹患する可能性を減らしたり、重症化しにくくしたりすることができる。

(2) 幼児に多い感染症

　園では、感染症の防御策が必要である。ここではいくつかの感染症の感染経路や特徴について簡単に説明する。

- 麻しん（はしか）（主な感染経路：空気感染、飛沫感染、接触感染）

　発熱、咳、くしゃみなどの上気道の症状や特有の発疹が出る感染力の強い疾病である。

- インフルエンザ（主な感染経路：飛沫感染、接触感染）

　急激に発病し、流行は爆発的で短期間内に広がる感染症である。

- ノロウイルス（主な感染経路：経口感染、接触感染）

　嘔吐、下痢などの急性胃腸炎症状を起こすが、多くは数日の経過で自然に回復する。非常に感染力が強い。感染後、嘔吐と下痢などの症状が治まった後も、ウイルスは10日間程度、糞便中に排泄されていることがある。

　感染症の種類は非常に多く、他にも水痘（みずぼうそう）、腸管出血性大腸菌感染症（O157、O26）などを始め、さまざまなものが存在する。その他の感染症については、「保育所における感染症対策ガイドライン」[7] や「学校、幼稚園、保育所において予防すべき感染症の解説」[8] を参考にしてほしい。

(3) 健康観察

　幼児の疾病の早期発見と迅速な対応は、本人の症状悪化を食い止めるという側面だけでなく、まわりへの感染拡大を予防するという意味でも重要である。そのためにも、登園時の幼児の体調や家庭での様子を把握するとともに、保育中の幼児の体温、機嫌、食欲、顔色、活動の様子などについて、幼児と

のかかわりや観察を通して把握することが必要である。

3 ── 衛生管理

　感染症の広がりを防ぎ、安全で快適な保育環境を保つために、日頃の清掃や衛生管理が重要である。点検票などを作成・活用し、職員間で情報を共有しておく（表7－4）。

表7－4　衛生管理の項目

- 保育室
  直接口に入れる玩具や歯ブラシ・コップ、タオル、寝具、床、棚などの清潔・清掃。おむつ交換台、トイレ、便器、ドアノブ、蛇口や水まわりなどの清掃および消毒。
- 調理室と調乳室
  室内及び調理・調乳器具、食器、食品の品質管理。入室の際の白衣（エプロン）の着用および手洗い。
- 園庭や砂場
  動物の糞尿などの除去。樹木、雑草、害虫などの駆除や消毒。小動物など飼育施設の清掃　等
- プール
  水質管理。安全管理の徹底。特にビニールプールの使用の際の感染症の予防　等

出所：厚生労働省『2012年改訂版　保育所における感染症対策ガイドライン』2012年　pp.17－19

●学びの確認
①保育者が気をつけるべき「安全」とは何か考えてみよう。
②園内外での危険箇所について考えてみよう。
③止血法および骨折に対する応急処置を実際に練習してみよう。
●発展的な学びへ
①表7－2を参考にして、園における環境整備チェックリストを作成してみよう。
②「安全教育」に向けての年間計画を作成し、「安全教育」のあり方を考えてみよう。
③幼児に多い感染症について、詳しく調べ、まとめてみよう。

引用文献

1）厚生労働省政策統括官（統計・情報政策担当）「平成29年　我が国の人口動態―平成27年までの動向―」厚生労働省　2017年
2）内閣府子ども・子育て本部「教育・保育施設等における事故報告集計」内閣府　2017年
3）杉原隆・湯川秀樹編『新保育シリーズ　保育内容　健康』光生館　2010年　pp.131－136
4）高橋滋孝「人材確保・育成に関する保育士養成校と保育所の連携に関する研究（パート2）―安全教育を取り入れた実習の工夫―」『保育科学研究（2012年度）』第3

巻　2013年
5）木塚朝博「見ながら動き考えながら動く」『子どもと発育発達』第7巻第4号　杏林書院　2010年　pp.229－234
6）文部科学省：学校安全参考資料「生きる力」をはぐくむ学校での安全教育　2010年　p.13
7）厚生労働省『2012年改訂版　保育所における感染症対策ガイドライン』2012年　p.1、p.5、pp.8－12、pp.23－29
8）日本小児科学会『学校、幼稚園、保育所において予防すべき感染症の解説』　2017年4月改訂版（http://www.jpeds.or.jp/modules/activity/index.php?content_id=46）

参考文献

平井タカネ・村岡眞澄他編『新子どもの健康』三晃書房　2010年
内閣府ホームページ：教育・保育施設等における事故報告集計
　http://www8.cao.go.jp/shoushi/shinseido/outline/pdf/h28-jiko_taisaku.pdf
民秋言・穐丸武臣編『保育内容　健康』北大路書房　2003年
出村慎一監修、宮口和義他編『幼児のからだとこころを育てる運動遊び』杏林書院　2012年
金澤治監修『保育者が知っておきたい　0～5歳児ケガと病気の予防・救急まるわかり安心BOOK』ナツメ社　2012年
日本救急医学会『最新図解　救命・応急手当の手引き』小学館　1995年

コラム8

小さなけがの体験が大きなけがから身を守る

　「転んで手の骨を折った」「跳びはねたら足をひねって骨折した」など、最近の子どもはちょっとしたことで大きなけがにつながるケースがよくある。この原因には栄養不足、骨の脆弱化、運動の経験不足による身体のコントロール能力の低下などが考えられる。また、大きな原因の1つに、転倒の際にうまく身をかばえず、衝撃を小さくすることができなかったり、手のつき方が悪いといった負傷回避能力の低下があげられる。転倒の経験が少なく、転び方や身の守り方を知らないため、転倒の際のけがが大きくなってしまうのである。小さなけがを経験することで、「このくらいの速さで走ると危ない」「このように転べば痛くない」「このような場所でスピードを出すと危ない」など危険察知能力が自然に高まる。おとなの自動車運転時でも同じことがいえる。小さな事故をすると、「これからはこういうところは気をつけよう」と慎重になることがある。子どもの運動や遊びの際も同様なことがいえ、小さなけがの経験がその後の大きなけがの発生を防ぐことにつながる。

　運動遊びの要素には「冒険」「挑戦」「勇気」「成功する喜び」などがあり、これらを獲得するには、けがのリスクは少なからず伴う。もちろん事前に防げるハザード（危険物）などは取り除く必要はあるが、おとなになってから大きなけがをしないためにも、子どもの頃から運動経験を増やし、小さなけがを何度か経験することも大事になるだろう。

第Ⅱ部　実践編

――保育者のための実践アイデア集

| 実践 1 | ちょっとした工夫で広がる運動遊び |

第1節 ● 遊びの展開と演出を工夫する

　鬼遊びは、子どもたちが大好きな遊びの1つであり、基本的な遊び方でもおもしろいが、遊びの展開や演出のしかたにちょっとした工夫を加えることで楽しさが増し、子どもたちに充実感を与えることができる。

　運動遊びの展開や演出のしかたを変えると、遊びの最中に愉快なアクシデントが起きたり、本来の目的とは違った方向に遊びが展開していくなど、多少のズレが生じて遊びのおもしろさを広げてくれる。こういった計画段階では予期していなかった出来事をうまく拾い上げていくと、さらに次の遊びにも活かすことができる。

　遊びを変化させるには、主に「易→難」「遅→速」「単→複」の3つの方法がある。以下に、鬼遊びを例にして遊び方を工夫する方法を紹介するので、子どもの発達段階を考慮したうえで保育実践の参考にしてほしい。

第2節 ● 鬼遊びを例にした遊び方の工夫

1 ──「しっぽとり」遊びの発展

(1) 遊びの概要（基本）

【題名】しっぽとり
【対象】年少児、年中児
【設定】保育者対子ども
【準備と進め方】
- はちまき、新聞紙（細く切ったもの）、ひもなどを利用して「しっぽ」を用意する。しっぽの先をズボンのなかに落ちないように入れる。
- しっぽをとり合う。

実践1●ちょっとした工夫で広がる運動遊び

- 遊びが始まったら、自分の手でしっぽをもたない。

(2) ちょっとした工夫

① 題名を工夫する

- 単なる「しっぽとり」ではなく気持ちが高ぶってくるような題名を考える。たとえば『トムとジェリー』など子どもの誰もがよく知っている追い手のネコと逃げ手のネズミのアニメーションのキャラクターに見立てて「『○○トム先生』対『○○組のちびっこジェリ君とジェリ子ちゃん』」とする。
- また、休息をとった後に保育者がさらに強くなるような題名に変える。たとえば、トム先生が大怪獣に大変身して「『大怪獣』対『ジェリ君＆ジェリ子ちゃん』」などとする。

② しっぽを工夫する

- 保育者のしっぽをすごく長いものにする。
- つける部位・本数を変える（背中・腕等）。たとえば、「先生、大変身！」と言いながら、保育者のみ両腕に複数のしっぽ（タコ足）を貼りつけて、オクトパス（＝タコ）大怪獣となる。

③ ルールを工夫する

- しっぽをとられた子どもは特定の場所に集まるが、復活できるようにルールを変える。たとえば、ジャンケンで勝てば復活できたり、保育者が居眠りしている間は復活できるなどシーンを演出する。
- 最後まで残った子どもに「ごほうびハンコ」や「ごほうびシール」などをあげる。また、最後まで残る子どもを複数にする場合と1人だけにする場合などで演出を変えることもできる。

このように、子どもの年齢や発達段階に応じて、保育者のオリジナルの遊びとして展開する。ちょっとした工夫で、子どもの意欲・関心が増し、飽きずに遊ぶことができる。

2 ――「タヌキとキツネ」遊びの発展

(1) 遊びの概要（基本）
【題名】タヌキとキツネ
【対象】年中児、年長児
【準備と進め方】
- タヌキ列（子）とキツネ列（子）の2チーム（2列）に分かれる。
- 追い手が入れない場所（「逃げ逃げセーフティーゾーン」）を設定する。
- 保育者は「タヌキツネ、タヌキツネ」とコールする。最後のコールで「タヌキ」とコールすれば「キツネ」が逃げる。「キツネ」とコールすれば「タヌキ」が逃げる。一方が追い、一方が逃げる運動遊びである。
  * 「ネコ」と「ネズミ」や、「タイ」と「タコ」のように同じ頭文字で行う場合が多い。

(2) ちょっとした工夫
① コールのしかたを工夫する
- 遅いテンポから速いテンポにする。
- 間を使う。たとえば「どっちかな？」と静かになった瞬間に「ちょっと待った」などとコールする。
- 「そば」「うどん」と言ったときは指示役（＝保育者）が追い手になり、両チームとも逃げる。
- お互いにジャンケンをする（勝ち：追い手、負け：逃げ手、あいこ：握手）。
- 指示役（＝保育者）の赤白フラッグにしたがって、赤い帽子の子どもと白い帽子の子どもに追い手と逃げ手を指示する。

② 列の場所を工夫する
- チーム列（直線ライン）の幅に変化をつける。

聞くことだけではなく、目で見て反応させる要素を入れるとおもしろい。スピードが増したり、追い手と逃げ手が間違えるなど、偶然の要素も加わって楽しさが増幅することがある。しかし、子ども同士が衝突する可能性があるので、説明の際には注意を促す。

実践1 ●ちょっとした工夫で広がる運動遊び

3 ──「サメ君とカツオ君ゲーム」遊びの発展

(1) 遊びの概要（基本）

【題名】サメ君とカツオ君ゲーム

【対象】年中児、年長児

【設定】追い手：保育者（サメ君）、子ども
　　　　逃げ手：子ども（カツオ君）

【準備と進め方】

　＊　合図役（笛）：保育者は追い手を兼ねる。

①島（楕円島）を3〜4個つくる。

②子ども（カツオ君）を島の数に応じて分け、島に入ってもらう。

③子ども（カツオ君）は、合図役（保育者）の笛で1つの島から別の島へ素早く移動する。保育者（サメ君）は、子ども（カツオ君）を追う。

④保育者（サメ君）は特別島をつくり、捕まえた子ども（カツオ君）をその特別島にとどめる。

⑤移動を繰り返すごとに、子ども（カツオ君）を捕まえて特別島にとどめる。

⑥3〜4名程度の子ども（カツオ君）を捕まえた段階で、特別島から解放する。解放された子どもは、ちびっこサメとして今度はカツオ君を捕まえる側（追い手）に変身する。

　＊　保育者（サメ君）は、これより合図役（笛）のみとなる。

(2) ちょっとした工夫

① 設定を工夫する

- 島と島の間に矢印を描く（同一方向へ移動させるように）。
- サメ君とカツオ君の違いを明確にする（帽子の色等）。

② 演出を工夫する

- 自分で効果音をつくる（ド〜ドッ／シャシャ〜ン等）。
- 特別島をおもしろい形にする（サメの形、サメドクロの形等）。

　保育者（サメ君）が最初に誰を捕まえるかで流れがつくられ、保育者の表現や動作の演出でその都度展開が変わる。思わぬ展開になったとしても、それを子どもたちと一緒に楽しめるとよい。

特別島

4 ── 「じゃがりこちょこちょ」遊びの発展

(1) 遊びの概要（基本）

【題名】じゃがりこちょこちょ
【対象】年少児〜年長児
【準備と進め方】
①追い手（鬼）を決める。
②鬼は逃げ手の子どもにタッチすると同時に「じゃがりこ」とコールする。
③鬼にコールされ、タッチされた子どもは両手を真っすぐ上に伸ばす。
④鬼は「じゃがりこちょこちょ」と言い、タッチした子どもに「こちょこちょ」

実践1●ちょっとした工夫で広がる運動遊び

とくすぐることができる。
⑤鬼が交代となる。以後、繰り返して鬼遊びをする。

(2) ちょっとした工夫

① コールのしかたを工夫する

「じゃがりこ」を「ぐりこ」や「どんぐりこ」に変えたり、流行語を利用するなどコールのしかたを変えてみる。流行語を使うと、子どもたちが喜ぶことが多い。

② ルールを工夫する

- 子どもの年齢が上がると、わざと捕まるなど、遊びにも変化が出てくる。そこで「捕まったら大変だぞ」などと言葉をかけたり、逆に捕まらなかった子どもに保育者がお楽しみ「こちょこちょ」をする（くすぐる）など、人数や年齢に応じてルール（対応）を変えてみる。
- 代表的な鬼遊びである「氷鬼」のように、逃げ手の仲間が両手を伸ばして動けない状態の仲間に「こちょこちょ」とくすぐれば、復活できるようにする。

以上のパターンを参考にして「ちょっとした工夫」を探ってみるとよい。アイデアとなるヒントは普段の遊びにいっぱい存在しているので、オリジナルの運動遊びを発明できるように、常日頃から探究心をもつようにすることが大切である。独自の工夫によって運動遊びが広がれば、子どもたちが笑顔で動きまわり、そのことにより子どもの体力の向上や運動技術の向上にもつながる。

実践 2　運動遊びにかかわる実践アイデア集

第1節 ● 3年間を通した計画的な運動遊びプログラムの導入

　幼児期運動指針には、ポイントの1つとして「発達の特性に応じた遊びを提供すること」と明記されている。3歳から6歳までの幼児期は、身体的にも精神的にも発達が著しい時期で個人差も大きいため、すべての子どもに同様の運動プログラムを提供してはいけない。こころとからだの発達程度に合わせた遊びの提供がより効果的であり、子どもの興味や関心も集めやすい。

　したがって、幼稚園・保育所等（以下、園という）においては、クラス担任や学年主任の保育者だけで運動遊びプログラムを考えるのではなく、3歳児から5歳児にかけての連続的かつ段階的な運動遊びプログラムを園全体で作成して実践していくことが望ましい（図1）。つまり、保育者は「私のクラスで育てよう」と考えるのではなく「3年間を通して、園全体で育てよう」と考えて取り組んだほうがよい。そうすることで、発達段階に合わせた遊びの提供につながり、また、スモールステップで子どもに無理のない遊びを提供でき、確実な効果が期待できる。全体の運動遊びプログラムを構成する役割を担う責任保育者を決めておくとよいだろう。2年もしくは3年間で取り組む計画を作成し、その効果を毎年検証しながら計画を見直すようにすると、数年後には系統的なプログラムが完成する。

　発育・発達段階をふまえながら、遊び内容、遊びの強度、ルール、遊び道具などを工夫して「心（こころ）」「技（動作）」「体（からだ）」「知（知能）」「社（社会性）」を向上させるようにすると、子どものさまざまな成長がみられるようになるだろう。

実践2 ●運動遊びにかかわる実践アイデア集

```
年長          ・ルールを守って遊ぶ          サッカー
（5歳児）      ・スポーツ種目の導入          ドッジボール
              ・子どもたちで遊びを創造する    各種伝承遊び
  ↑          ・複雑な動きへの挑戦

年中          ・基礎運動動作が伸び始める      鬼ごっこ
（4歳児）      ・「走・跳・投」の運動を導入する 縄跳び
              ・集団運動の楽しさを知る        各種ボール運動
  ↑          ・遊び込み

年少          ・自由時間は外遊び            砂場遊び
（3歳児）      ・個の遊びでもよい            遊具遊び
              ・複雑な動作は困難            ごっこ遊び
              ・好きな外遊びを好きなだけ
```

図1　発育・発達段階に応じた運動遊び指導プログラム

第2節 ● ライン（線）の活用

　子どもは、戸外に出れば自然と駆けまわりたくなるものである。しかし、単に走りまわっているだけではすぐに飽きてしまい、長続きしない。そんなときは、園庭にいろいろな種類のライン（線）を描いて遊ばせると、遊びのバリエーションが膨らむ。たとえば、細めのラインの上を落ちないようにバランスをとって歩かせたり、走らせたりするだけで動的なバランス能力の向上にも役立つ。ある子どもは、三輪車や二輪車でその上を走ろうとするだろうし、別の子どもは、後ろ向きで落ちないように歩くかもしれない。また、2チームに分かれてラインの両端をそれぞれのスタートにして、出会ったところでジャンケンをし、勝った子どもがさらに前進して、負けた子どもは次の子どもに知らせて自分たちのスタートラインまで侵略されないように守るといった昔ながらのゲームを楽しむ子どもも出てくるだろう。

　このようにラインを引くだけでも走り方や歩き方、そして、そのスピードにも変化をつけることができる。保育者は、始めのうちはライン上での遊び方をいろいろ教える必要があるが、すぐに子どもたち自身でさまざまな遊び方をするようになるだろう。何より、複雑なコートなどを描く必要がないので、準備しやすく簡単にできる1つのアイデアである。

第Ⅱ部 実践編—保育者のための実践アイデア集—

いろいろなラインを活用した遊び

第3節 ● がんばりカードの活用

　幼児は、さまざまな動きを獲得するなかで「こんなことができるようになった」という技術の上達に対して喜びを感じるようになるが、自分の動きの変化を客観的に理解することは困難である。そのため、縄跳びカードや水泳カードなどのような段階的課題をまとめたカードを作成し、できたらシールを貼ったりしながら、技術の向上の程度が視覚的に理解しやすいようにするとよい。時には、課題ができたことよりもシールを貼ってもらえたことに楽しみを見出すこともあるが、それは大きな問題ではない。目先の目標をみつけることで幼児は夢中になり、運動遊びに積極的に取り組んでいく。

第4節 ● ちょっとしたアイデアグッズの考案

　幼児期は、指導者が言葉で説明しても十分に理解できない。もちろん、口では「分かった！」と言うが、それが動きや行動に反映されないことがある。そこで必要なのが、ちょっとしたアイデアグッズを開発して利用することである。各運動種目の基本動作を獲得するためだけではなく、「走・跳・投」の動きに関しても、いろいろなアイデアを考えてみる。たとえば、幼児がボールを投げるとき、投げる手と同じ側の足を前に出してしまうことが多いが、これは体を捻転させる動作が未熟であるために起こっている。このような投げ方を繰り返しても、投球動作の基本は習得できない。このようなときには

「投球マット」を用いると便利である。立ち位置を始めに決めて、マットの足型に合わせて足を踏み出させることで、体の捻転動作や非投球側の足のステップを体得していく。マットの使い方を教えておけば、子どもたちだけで練習することもできる。

投球マット

第5節 ● 新聞紙ボールの活用

　幼児期に身につけさせたい能力の1つに「空間認識能力」がある。空間認識能力とは、三次元空間にある物体の位置、方向、速度、間隔などを脳内で瞬時に読み取り、正確に把握する能力である。この能力の習得には、ボール遊びが適しており、新聞紙でつくったボールを利用するのが効果的である（図2）。手軽に何個でも、どんな大きさにでもつくれるので、何より幼児にはちょうどよい重さになって握りやすいため、ボール投げには最適である。さらに、適度にクッション性があり、顔などに当たってもあまり痛くないため、子どもに恐怖心を植えつけることもない。また、天候の影響などで戸外が使用できないときに遊戯室などでミニサッカーゲームなどをすると、室内でも運動量が確保できる。ボールの大きさは作成時に変えられるので、子ども一人一人の投能力に合わせてボールの大きさを変えられることも利点である。

　その他にも新聞紙ボールを用いた遊び方はいろいろ考えられるので、園ばかりではなく、保護者にもつくり方を教えて、家庭でもボール遊びができるようにしてもらう。子どもは自分でつくったものには特に愛着と興味を示すため、できれば子ども自身にボールをつくらせるとよい。自分でつくることにより、ボールへの関心を高めることにもなる。

①新聞紙の大判(見開き1枚)を丸める。中型ボールの場合は大判2枚、大型ボールの場合は大判3枚を使用する。

②新聞紙がすべて隠れるまで布テープを貼りつける。

③小型ボールの完成!

図2　新聞紙ボールのつくり方

室内でのボール遊び

第6節 ● 合い言葉やキーワードを活用して盛り上げる

　何かの課題を達成したときの合い言葉などを決めて、みんなで言葉かけをすると、幼児の興味・関心は一段と高まる。たとえば、ボール投げの的当てをして、うまく的に当たったときは大きな声で「ゲット!」などと合い言葉を決めておくと場の雰囲気が盛り上がる。また、言葉だけではなく、ハイタッチやポーズなどの身体表現の決めごとも場の盛り上がりには有効である。

第7節 ● 固定遊具の活用 ―サーキット遊び―

　多様な動きを経験させるためには、走る、跳ぶなどの移動系、打つ、投げるなどの操作系、渡る、ぶら下がるなどの平衡系の動きを同時に経験させることを目的としたサーキット遊びも効果的である。

戸外でのサーキット遊びの場合は、固定の遊具を上手に組み合わせ、1周すればいろいろな動きが経験できるようなプログラムにするとよい。

たとえば、雲梯を渡った後、3連の鉄棒の下を交互にくぐり抜け、タイヤからタイヤに飛び移り、最後に滑り台を登って、滑り降りればゴールというようなプログラムである。もちろん、年齢によって少しずつ難易度を上げたり（滑り台を逆に登らせる、鉄棒の前回りをさせる、一部の区間をケンケンで走らせるなど）、まわる回数を増やしたりして強度に変化をもたせると、子どものチャレンジ意欲も高まる。しかし、おとなのトレーニングのようになってしまっては子どもにとっても苦しいだけのサーキット遊びになってしまうので、何か興味や達成感をもたせる工夫も必要である。たとえば、やる気を喚起させるために「サーキット遊びカード」などを作成して、達成した分だけシールなどを貼っていくという方法もよいだろう。園庭の形状や固定遊具の種類などは園によってさまざまなので、安全に配慮して工夫してほしい。

固定遊具を使ったサーキット遊び

第8節 ● 室内サーキット遊び ―巧技台などの活用―

　サーキット遊びは、屋外ばかりでなく屋内でも行うと効果的である。幼児期に身につけさせたい動きのなかには、まわる、はう、運ぶ、積む、起きるなどの動作がある。これらの動きを屋外でしようとすれば、どうしても園庭に寝転んだりしなくてはいけないので、服が汚れたり、他の子どもの遊びの

第Ⅱ部　実践編―保育者のための実践アイデア集―

邪魔になったりする。そのような場合は、遊戯室や保育室で巧技台などを利用して、サーキット遊びの場を設定するのがよい。室内でも運動量が確保できるため、天候不良のときなどに活用できる。

　内容としては、特に屋外のサーキット遊びでは取り入れることが難しい動きを取り入れるとよいだろう。最近では、簡易なジャンプマットやバランスバーなどいろいろな室内用の遊具も開発されているので、それらを利用するのもよい。もちろん、マット、跳び箱、平均台といった伝統的な器具も使って思いっきり転がったり、はったり、跳んだりすることができるように工夫するのもよい。大型の積木を使って運んだり、積んだりする動きや柔らかいボールを近くの的に当てたり、かごに入れたりする動きの経験も取り入れると、動きのバリエーションが増える。ただし、屋外に比べると屋内はスペースが小さいので、サーキット遊びの順番やルールをしっかりと子どもに伝えて安全に遊ぶための配慮が大切である。

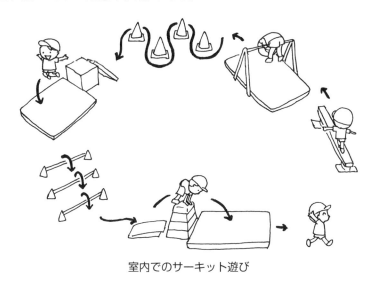

室内でのサーキット遊び

第9節 ● 伝承遊びの活用　―今月の伝承遊び―

　昔から子どもたちが興じてきた伝承遊びのなかには、運動遊び的な要素の強い伝承遊びも多くある。子どもにとって魅力的なルールや動きがあるからこそ古くから伝承されてきたのだから、伝承遊びは子どもたちを楽しませ、夢中にさせる運動遊びの教材としてはうってつけである。しかし、最近の子どもは伝承遊びを知らない。つまり、親世代から遊び方を教えてもらってお

らず、伝承されていないのである。近所に子どもが大勢いて、みんなで放課後や休日に興じた時代とは異なり、少子化で群れながら遊ぶ仲間もいないのはまぎれもない事実である。今の子どもたちにとっては、園が唯一の集団遊びの場であるため、保育者は意図的に伝承遊びを保育プログラムに取り込み、多くの仲間と取り組ませてほしい。また、伝承遊びのよいところは、みんなで遊び込むほど、自分たちがより楽しめるように独自のルール（遊び方）を考案したりするため、創造性の発達にも寄与する点である。

事実、伝承遊びを調べてみると、地域によって呼び名やルールがさまざまである。基本的な遊び方は同じであっても、少しずつ遊び集団（地域）それぞれのアイデアが入り込んでいくのである。自分たちが考えたルールになることで愛着もわき、長期間続く遊びになる。

伝承遊びが子どもたちに定着してきたときには、毎月重点的に取り組まれる「今月の歌」のように、「今月の伝承遊び」として園や学年ごとに毎月重点的に取り組む遊びを決めるとよいだろう。また、その取り組みを園、学年、クラス通信を通して保護者にも通知することで、伝承遊びに対する保護者の関心も高まる。

園で重点的に取り組む今月の遊びの例

第10節 ● 遊びのしかけ1 ―泥団子づくり専用スペース―

　幼児期は、いろいろなことに興味や関心をもちやすいため、今ここで遊んでいても、すぐに他の友だちと別の遊びを始めることは、よくある光景である。多くの遊びに興味を示し、いろいろな友達と遊ぶことは悪いことではないので、保育者はできる限り遊びを強要することなく、見守ることが大切である。

　そんな幼児期の子どもたちが時間も忘れて夢中になる遊びの1つに「泥団子づくり」がある。子どもたちは「ツルツル、ピカピカ、まん丸」の団子づくりに必死で取り組む。しゃがみ込んで、じっくりと何日もかけてつくるのである。泥団子づくりの際には、泥を両手でしっかりと握ったり、水を運んだり、表面をツルツルにするのに適した砂を探して園庭内を移動したりしなければならない。このような姿をみていると、戸外遊びを通して子どもたち

の創造性、計画性、集中力が養われていることがわかる。

戸外での遊びを習慣化させるためにも、泥団子づくりに興じさせることは効果的である。保育者は、園庭の一角に泥団子づくり専用の土を用意しておくとよい。

ツルツル、ピカピカの泥団子

泥団子づくり専用の土を盛った専用スペース

夢中になって泥団子づくりをする子どもたち

第11節 ● 遊びのしかけ2 ―遊びたくなる手づくり遊具―

文部科学省が2007（平成19）年から2009（平成21）年度までの3年間で実施した「体力向上の基礎を培うための幼児期における実践活動の在り方に関する調査研究」（以下、文部科学省調査という）では、全国の幼稚園・保育所で幼児の体力向上に向けたさまざまな実践が行われた。これらの実践では、いろいろなアイデアが出され、その効果の検証が行われた。実際に取り組まれた具体的な内容と調査結果に関する報告書については、文部科学省のホームページ[1]で公表されているので参考にするとよい。

その実践のなかには、いろいろな手づくり遊具が用いられている。単に購入した遊具と保育者や保護者、時には子ども自らが手づくりした遊具とでは、思い入れも違うのだろう。つくるときの思いがきっかけとなり、遊具への興味や関心も高まりやすい。子ども自身がロープとビニールテープでつくった「縄跳び」、保育者と保護者でつくった「一本歯の下駄」「ボールキャッチ遊具」「竹馬」などさまざまなアイデアでさまざまな遊具が製作された。時には、子どもと一緒に思いのつまった遊具づくりに挑戦してみることもよい。子どもでは製作できないような物でも、色をつけさせたり、絵を描かせたりするだけで遊具への関心が高まり、使って遊びたくなるものである。このようなちょっとしたおとなの一手間が、子どもの遊び習慣を形成していくのである。しかし、手づくりの遊具はどうしても壊れやすいため、安全への配慮や点検

※1 文部科学省ホームページ「体力向上の基礎を培うための幼児期における実践活動の在り方に関する調査研究報告書」http://www.mext.go.jp/a_menu/sports/youjiki/index.htm

実践2●運動遊びにかかわる実践アイデア集

に関しては十分に注意する必要がある。

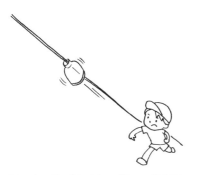
斜め上に伸びたひもに沿って投げる

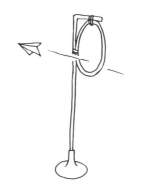
フラフープを利用した飛行機飛ばし

ビーチボールを吊したパンチング遊び

ボールキャッチ遊具

手づくり縄跳び

一本歯の下駄づくりの様子

輪を配列した手づくりのジャンプリング

第12節 ● 遊びのしかけ3 ―跳びたくなるしかけ―

　幼児期に高めたい動作の1つに跳ぶ動きがある。跳ぶ動きには、「足を開いたり閉じたりしながら」「リズムよく」「片足で」「左右に」などさまざまな種類があるが、子どもたちにはいずれの動作も経験させたい。子どもの遊びや

第Ⅱ部　実践編―保育者のための実践アイデア集―

　固定遊具遊びのなかでは、ジャンプをしてピョンピョンと体を移動することが少ないので、跳びたくなる環境を意図的に与える必要がある。

　ある園では、正門の手前に「ケンケンパ」をペンキで描き、保護者が迎えにきたときに必ず保護者と手をつないで「ケンケンパ」を跳んでから帰るように習慣づけている。また、雨天時にも体を動かせるように、廊下に連続跳びラインをビニールテープで描いたり、ロープで輪をつくっておき、その輪をいろいろな配列に並べておくという方法もある。片足や両足でリズムよく跳べるようにすることで、楽しく体を動かすことができる。スポーツ選手がトレーニングで使用するラダーを用いたリズミカルなステップにも挑戦させてみるとよい(図3)。子どもは少し高いところから飛び降りることにも興味をもっている。ちょっとした高さの台から飛び降りる経験もさせるとよい。スペースに応じてさまざまな跳びたくなるしかけを考案してほしい。

いろいろな線を用いた跳びたくなる室内外のしかけ

実践2 ●運動遊びにかかわる実践アイデア集

1. 元気よく歩こう（難易度：★）
ラダーの1マスに対し、1歩ずつステップする。背筋を伸ばして、両手をしっかり振り、ももを上げ、前進する。

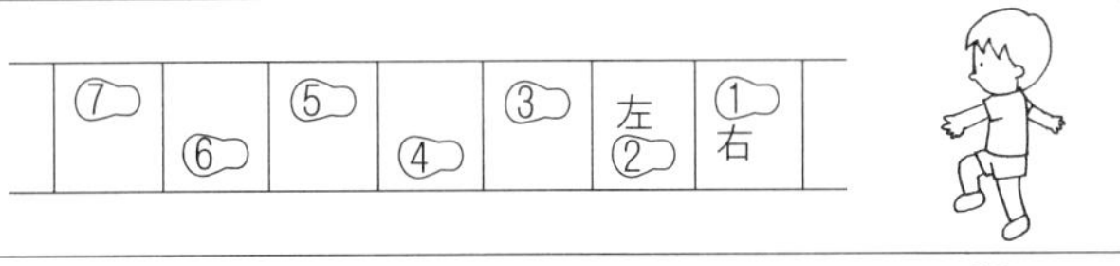

2. かけ足（難易度：★）
ラダーの1マスに対し、1歩あるいは2歩ずつのステップで前進する。

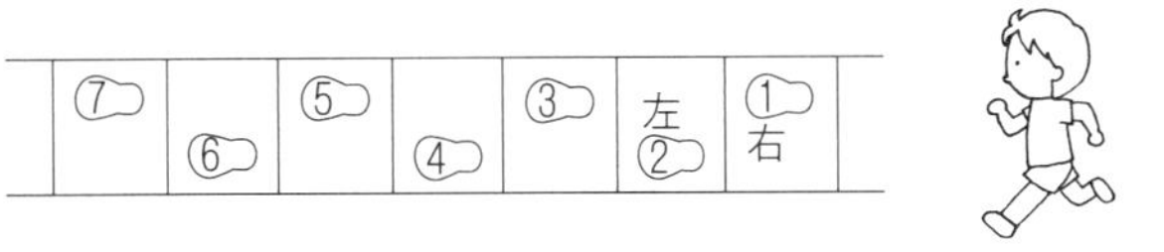

3. 横向きダッシュ（難易度：★★）
ラダーの1マスに対し、2歩ずつのステップで横向きに進んでいく。反対側も行う。

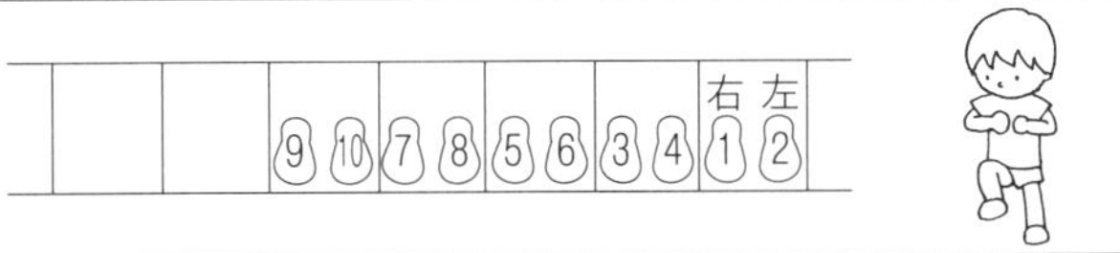

4. グーパージャンプ（難易度：★★）
1マスごとに、両足を閉じる・開くを交互に行い、前向きにジャンプして前進する。
同様に、片足（ケン）・開く（パー）を交互に行い、ジャンプして前進する（ケンパージャンプ）。

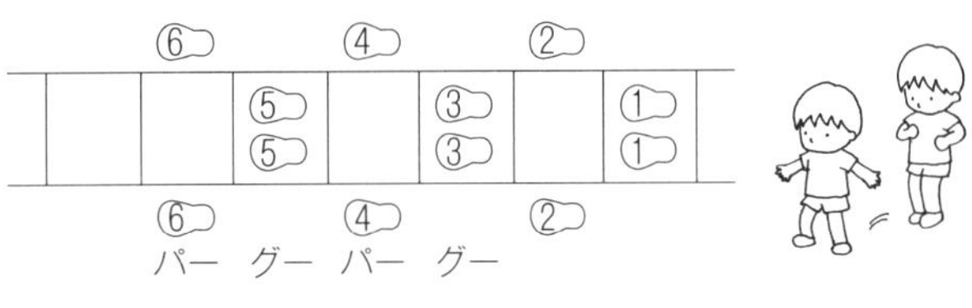

5. こびとスキップ（難易度：★★）
1マスで1回ずつ、できるだけ速く細かくスキップをしながら前進する。

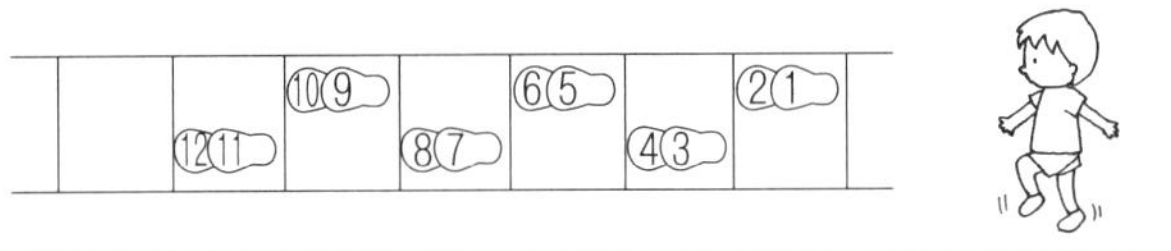

6. ジグザグジャンプ（難易度：★★）
ラダーの一方の側の縁をまたぎ、次のマスに進むときジャンプして逆側の縁をまたぐ、という動作を連続してジグザグに前進する。

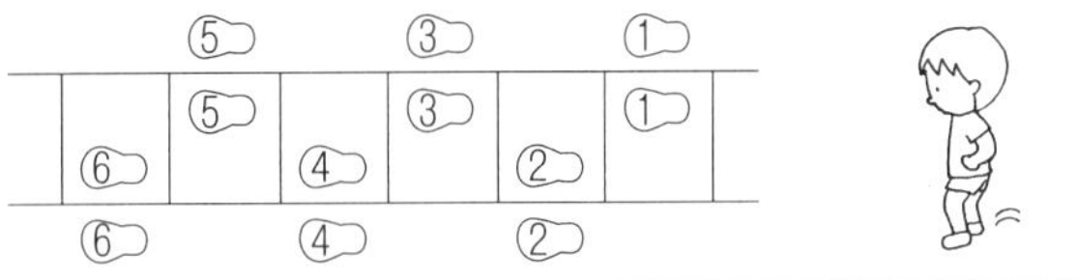

7. ひねりのジャンプ（難易度：★★）
ラダーの一方の縁をまたぐ位置からスタートし、ジャンプしてからだを180度回転させながら、次のマスの縁をまたぐ位置に着地する。この動作をできるだけ速く連続して行う。反対側も行う。

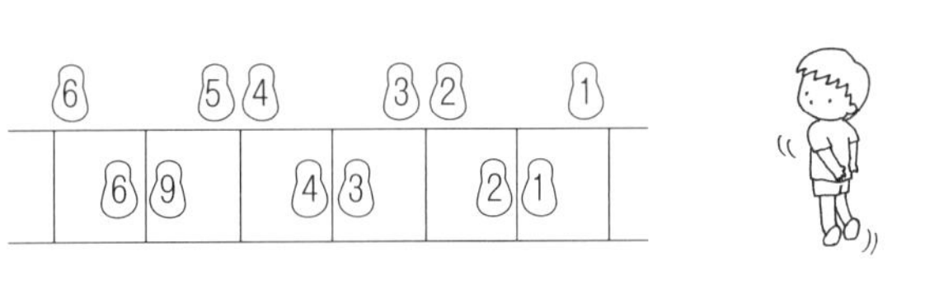

8. シャッフル（難易度：★★★）
1つのマスで「中・中」とステップを踏んだら、次のステップは1つ先のマスの外側を踏み、その逆の足から「中・中」のステップを踏む。「中・中・外」のリズムでできるだけ速く前進する。

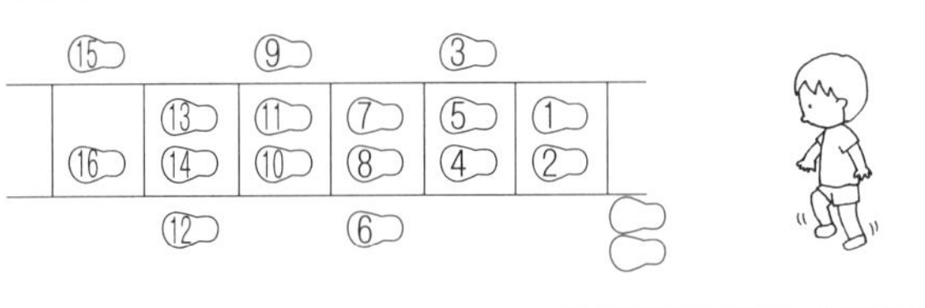

9. サンバステップ（難易度：★★★）
横向きになり、1つのマスで1歩ステップしたら、次はマスの手前で2歩ステップする。この動作をできるだけ速く連続して行い、ラダーに沿って進む。反対側も行う。

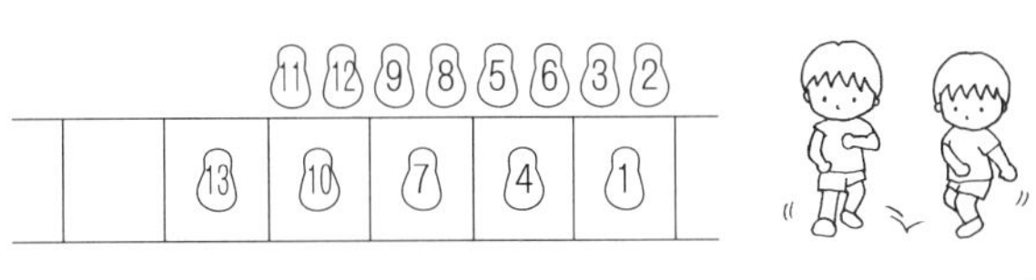

図3　チビラダーを使った幼児用運動課題

出所：出村愼一監修、宮口和義・春日晃章・村瀬智彦編『幼児のからだとこころを育てる運動遊び』杏林書院　2012年　pp.142-143

第Ⅱ部　実践編―保育者のための実践アイデア集―

第13節 ● せんせい追いかけっこ ―3分間走―

　子どもたちがそれぞれに好きな遊びをすることは問題ではないが、いつも好きな遊びばかりさせていては、遊びの内容の違いから活動量や強度に大きな個人差が出てきてしまう。どうしてもクラス全員に一定の運動量を確保したいという場合は、保育者の後を追いかける3分間走などを取り入れるとよい。「みんな先生の後について走るんだよ。ちゃんとぶつからないように前を見て走るんだよ」と言って、保育者の後を追いかけるように走らせる。先導する保育者は、単純に走るだけではなく、園庭のさまざまな固定遊具を障害物に見立てて、くぐったり、よけたりするコースを選択する。決められたサーキット遊びも楽しいが、次の行動が予測できない動きを繰り返すことも子どもにとっては楽しい時間である。

　3分間ほど走るだけでもかなりの運動量が確保できるし、何よりクラス全員が同じ運動量を確保できるという点が優れている。

　先導する保育者のスピードが遅すぎると、後ろの子どもたちがつまってぶつかり合うことになったり、スピードが速すぎるとついてこれなくなるので、保育者は後方をよく確認しながら適度なスピードで先導する必要がある。

第14節 ● 運動会プログラムの工夫 ―運動会の練習を活用する―

　園における年間の大きな行事の1つに運動会がある。運動会には、子どもや孫の元気な姿を見ようと、多くの保護者や祖父母が来るのはどこの園でも同じだろう。保育者と子どもたちはこの一大イベントのために、何週間も前

から練習に練習を重ね、運動会当日を迎える。大切なことは、この練習を通していろいろな動きを身につけさせることである。本番までの練習かもしれないが、子どもにとっては同じ動作の繰り返しであるため、動作獲得の絶好の機会である。この期間に動作が大きく上達し、運動会終了後の遊びが一段階向上することが望ましい。

そのために保育者は、獲得してほしい動きを取り入れた運動会のプログラムを考案する必要がある。たとえば、子どもたちの日頃の遊びの観察から「ボールを投げる能力が今一歩向上していない」と感じていた場合、プログラムの競技に「投げる」という動作を入れる。一口に「投げる」といっても、「より遠くへ投げる」「狙ったところに正確に投げる」「動いている標的に当てる」などいろいろな観点がある。子どもに身につけさせたい動作について保育者同士で考え、工夫を凝らした競技を入れると効果的である。

園の運動会では、体育的な要素のプログラムよりも遊技的なプログラムや鼓笛隊のような音楽的な要素のプログラムが中心になることも多い。昔のように3つの間（時間、仲間、空間）が満たされていた時代の子どもたちにはよかったが、今の子どもたちにとっては、やはり運動をメインとした体育的なプログラムが中心の運動会が望まれる。そして、保護者には子どもたちの動きをみてもらう機会にしたい。

リレー　　　　　　　　　玉入れ

第15節 ● 運動会プログラム案 ―運動を前面に出したプログラム―

発達の段階に応じて種目を設定し、体育的要素の強い運動会のプログラム例を表1に示した。3歳児（年少）の演技では、音楽に合わせた遊技を演技

第Ⅱ部　実践編―保育者のための実践アイデア集―

表1　体育的な要素が強い運動会のプログラム例

第〇回運動会プログラム

〇〇幼稚園

NO.	学年	種目		種目内容・見どころ
		開　会　式		
1	全園児	筋肉健康たいそう	―	さあ、運動会の始まりです！ みんなで楽しく準備体操！　にこにこ笑顔でがんばろうね。
2	年中	とんで！くぐって！	競技	とんで！！　くぐって！！　ゴールを目指します。きれいな色の滝をくぐるみんなにご注目。輝け！　はばたけ年中キッズ☆
3	年少	ハッピージャムジャム♪	演技	みんなの人気者しまじろうの曲に合わせ、元気いっぱい踊ります。かわいいピースポーズやバイバイポーズにご注目です！
4	年長	障害物競走	競技	「よ〜いドン！」で跳び箱を跳んで、いもむしトンネルをくぐりラストはハードル！　年長らしい力強い走りにご期待下さい。
5	年中	ハリケーン玉入れ	競技	楽しいリズムに合わせてダンスをしたり、ハリケーンのようにグルグル回ったり！　いつもとは少し違う玉入れにご注目！
6	年少	なかよし♪ フラワー探検隊	競技	お友達と手をつなぎ、探検に出発！　お花がいっぱいのはしごをくぐり、仲良くゴールを目指します。
7	年長親子	デカパン★飴くい競争	競技	真っ赤なお鼻をつけて、デカパンをはき親子でダッシュ。お父さん、お母さんはキャンディーをパクッ！　子どもたちは可愛いピエロになりますよ。
8	年中	パラバルーン	演技	『はばたけ未来へ』の曲に合わせ大きなパラバルーンを操ります。みんなの気持ちを一つにして頑張ります。
9	年長	ダッシュ綱引き	競技	綱をめがけて猛ダッシュ！！　力いっぱいに引っ張ります。最後までパワフルパワーであきらめないぞ！
10	年少親子	風船ふわふわリレー	競技	年少キッズにカラフルな風船をプレゼント♪　お父さん、お母さんがどれだけ早く膨らませることができるかが、勝負のカギです！
11	年長	組体操	演技	ゆず『栄光の架橋』の曲に合わせ、今日までの練習の成果を発揮します！　仲間と共に力を合わせ、互いを信じ『栄光の架橋』をつくり上げよう！
12	年中親子	ハラハラ☆ドキドキ 新聞紙リレー	競技	息を合わせて新聞紙でボールを運びます！！　親子で、そしてクラスのみんなで力を合わせてゴールを目指そう！
13	年長	クラス対抗リレー	競技	各クラス、みんなの心を一つにしてバトンをつなぎます。真剣な姿、頑張る姿をしっかりと見守ってあげて下さい。
14	全園児親子	親子ふれあいダンス	―	お父さんも、お母さんも大集合！！ 最後に楽しく親子でLet's Dance
		閉　会　式		

種目として取り入れているが、4歳児（年中）ではパラバルーンを、5歳児（年長）では組み体操を演技種目としてプログラムし、より体育的な要素を強調している点が特徴である。また、子どもたちが楽しみにしている親子競技にもターゲットとしている動きの要素（表1では走力や協応性がターゲットの動き）を取り入れている。そして、最後はアップテンポな音楽に合わせた親子体操で締めくくっている。

参考にしてもらい、いろいろな動きが体験できる運動会のプログラムを作成してほしい。

パラバルーン　　　　　　　　　　組体操

第16節 ● 子ども自身に戸外遊びの大切さを伝える

幼児期の子どもは、「早寝早起き」「歯みがき」「交通安全」など健康習慣に関する教育的な指導を昔から受けている。歯みがきをしないと口のなかに「バイ菌マン」がやってきて、大事な歯を突いて虫歯にしてしまったり、道でボール遊びをしていたら車にひかれそうになって怖い思いをするといった紙芝居もある。これは健康な生活習慣を獲得するために利用される教材であるが、このなかには、外遊びの大切さを教える教材はほとんどない。それは、一昔前の子どもたちは何もいわなくても外で元気よく遊んでいたからである。しかし、現代は外での遊びが減り、ゲーム漬けの子どもたちが急増している。今だからこそ、幼児期から「外遊びの大切さ」を伝えていく教育が必要である。

歯みがき予防デーや交通安全週間という日があるように、「外遊び強化週間」などという取り組みがあってもよいだろう。子どもの周りにいるおとな

第Ⅱ部　実践編―保育者のための実践アイデア集―

※2
『健康戦隊げんきレンジャー～外遊びは大切だよの巻～』ランドスケープ　2011年（健康戦隊げんきレンジャーオフィシャルホームページ http://www.genki-ranger.com/）

が子どもの活動量や健康に気をつけることも大切だが、子ども自身に「外遊びは大切なことだ！」「外遊びは体によい！」といった気持ちを芽生えさせる取り組みも有効だろう。

　幼児に外遊びの大切さを伝える絵本『健康戦隊げんきレンジャー～外遊びは大切だよの巻～』もあるので参考にしてほしい[※2]。

実践 3　HQC手法を使った子どもの生活習慣改善法

　ここでは、「第1部　理論編」の第3章第4節（p.59）で述べたHQC（Health Quality Control）手法を使った生活習慣の改善法を紹介する。小学校の実践事例であるが、基本的生活習慣を改善するための方法論的な事例であり、幼稚園や保育所などでも十分に導入できる。子どもが抱える生活習慣上の問題をおとな（保育者や保護者等）が丁寧に整理し、最も身近でわかりやすい項目を中心にチェックシートを作成する。そして、子どもが日々チェック活動を行い、生活習慣を徐々に改善させていく。チェック活動によって、子ども自身が無意識に自己フィードバックできることが大切である。

第1節 ● 生活習慣上の問題点を整理する　―特性要因図の作成―

1 ── 事例紹介

　最初に特性要因図を使って、子どもたちの生活習慣上の問題を振り返って整理する。問題の振り返りには、アンケート調査などを行ってもよいが、日常生活の様子から保育者や保護者が話し合ってもよい。できるだけ多くの子どもたちに共通してみられる問題から取り組むべきである。生活習慣は、相互に影響を及ぼし合っているため、大きな問題を少しずつ改善することで、細かな問題は連鎖的に解決することも少なくない。ここでは、生活リズムというテーマで行った事例を紹介する。

2 ── 特性要因図の作成事例

　図4は、生活リズム、特に「早寝・早起き・朝ごはん」に注目した特性要因図の例である。特性要因図については第3章で説明したが、図4を例にしてもう一度、特性要因図について説明する。
　特性要因図は、その形が魚の骨に似ていることから、別名フィッシュボーンダイアグラムとも呼ばれる。真ん中に太めの矢印を引き（大骨）、先端に取

第Ⅱ部　実践編─保育者のための実践アイデア集─

り組む問題を記す。図4では「生活リズム」という大問題が記入されている。さらに大骨に向かって中骨を斜めに引く。この中骨の先端には、大問題の原因となる下位問題を記す。図4には「早寝」「早起き」「朝ごはん」という3つの中問題が記されているが、もし下位問題がもっと多くある場合は考えられるだけ記入してもよい。ただし、下位問題同士の関連性も考慮しながら最終的には念頭に置くべき下位問題も限定すべきである。続いて、下位問題の原因について小骨を引きながら記していく。この段階ではできるだけ具体的に、そして、子どもたちの行動が見える形の表現で書いていく。それ以降は、さらに原因の原因を書き足していくことを繰り返して特性要因図を完成させる。つまり、特性要因図とは大問題に始まり、徐々にその原因（下位問題）を、そして、そのまた原因の原因をと問題を掘り下げていくための図である。

このような作業を繰り返した結果、今回の事例では図4のような形の特性要因図を完成させた。実際にはより詳細な図も考えられるが、ここでは紙面の関係上、若干簡略化している。ここまでできれば問題の整理はおおむね終了だが、HQC手法では、次のチェックシート作成のために特性要因図に丸印

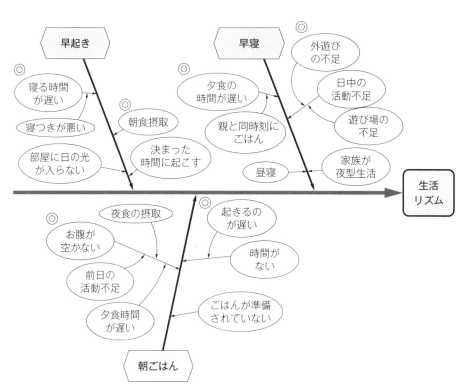

図4　「早寝・早起き・朝ごはん」の特性要因図
出所：中野貴博「『早寝，早起き，朝ごはん』運動とHQC」『子どもと発育発達』第8巻第3号　杏林書院　2010年　p.174

実践3●HQC手法を使った子どもの生活習慣改善法

をつける作業を追加する（図4の◎印）。丸印をつける場所は大問題や中問題ではなく、より具体的な原因にあたる部分である。なかでも、子どもたちが意識しやすく、かつ、チェックしやすい項目に丸印をつける。印の数は任意だが、小学生や幼児の場合は5項目から多くても8項目程度で十分である。以上で問題の整理は終了である。次にチェックシートの作成を行う。

第2節 ● HQCチェックシートを作成し、実践する

1 ── HQCチェックシートの作成事例

チェックシートの作成は、特性要因図がしっかりできていれば難しくない。先ほどの特性要因図をもとに、チェックシートを作成する。図5は「早寝・早起き・朝ごはん」のチェックシートの事例である。図4の特性要因図で印をつけた項目を中心にチェックシート形式にしただけなのでわかりやすいと思うが、大切なことは、チェックする項目を決して欲張らないことである。

「早寝・早起き・朝ごはん」のためのチェックシート（　月　日～　月　日）　　　　　　　　　　　　　　　名前：					
項目	（Mon）	（Tue）	（Wed）	（Thu）	（Fri）
昨日の夜は何時に寝ましたか	：	：	：	：	：
昨日の夜はすぐに寝つくことができましたか	1. すぐに寝た 2. しばらくして寝た 3. なかなか寝られなかった	1. すぐに寝た 2. しばらくして寝た 3. なかなか寝られなかった	1. すぐに寝た 2. しばらくして寝た 3. なかなか寝られなかった	1. すぐに寝た 2. しばらくして寝た 3. なかなか寝られなかった	1. すぐに寝た 2. しばらくして寝た 3. なかなか寝られなかった
今日の朝は何時に起きましたか	：	：	：	：	：
今朝は食欲がありましたか	1. とてもあった 2. あまりなかった 3. 食べたくなかった	1. とてもあった 2. あまりなかった 3. 食べたくなかった	1. とてもあった 2. あまりなかった 3. 食べたくなかった	1. とてもあった 2. あまりなかった 3. 食べたくなかった	1. とてもあった 2. あまりなかった 3. 食べたくなかった
今朝は朝食を食べましたか	1. しっかり食べた 2. 一応食べた 3. 食べていない	1. しっかり食べた 2. 一応食べた 3. 食べていない	1. しっかり食べた 2. 一応食べた 3. 食べていない	1. しっかり食べた 2. 一応食べた 3. 食べていない	1. しっかり食べた 2. 一応食べた 3. 食べていない
今日は外遊びを十分にしましたか	1. たくさんした 2. 少しした 3. ほとんどしていない	1. たくさんした 2. 少しした 3. ほとんどしていない	1. たくさんした 2. 少しした 3. ほとんどしていない	1. たくさんした 2. 少しした 3. ほとんどしていない	1. たくさんした 2. 少しした 3. ほとんどしていない
夕食は何時に食べましたか	：	：	：	：	：

図5　「早寝・早起き・朝ごはん」のチェックシート

出所：中野貴博「『早寝，早起き，朝ごはん』運動とHQC」『子どもと発育発達』第8巻第3号　杏林書院　2010年　p.175を改変

選択肢は3択でも5択でも、もちろんYes／Noの2択でもかまわないが、大切なことは、行動をイメージしながら継続的にチェックできるかどうかである。継続的な活動ができないようでは意味がないので気をつけてほしい。

2 ── 生活習慣チェック活動

　チェックシートができあがったら、次の段階は実際の改善活動になる。難しいことは何もなく、作成したチェックシートを用いて、子どもと保護者が協力して日々の生活行動をチェックするだけである。しっかりチェック活動をするように指導することは必要だが、一つひとつの内容まで「ここが悪い」とか、「ここはよくできた」などとチェックする必要はない。あくまでも子ども本人や保護者への自己フィードバック効果を促すことがこの方法の大切なところである。多くの場合、子どもたちは少しでも多くの項目によい評価のチェックをつけたいと思う。それは、保護者も同じである。このような思いとそのための行動改善がいわゆる自己フィードバック効果である。手洗いやうがいのような衛生習慣行動は、特にチェック活動が有効で、比較的短期に行動改善がみられる。しかしながら、事例のような「生活リズム」は、もう少し時間がかかることを理解しておく必要がある。たとえば、「外遊びをする」という項目の場合は意識一つで変えられるが、「食欲」や「寝つき」は、それ以外の項目の改善に伴って改善される項目である。このように、項目によって効果があらわれる時間は異なるが、まずは2〜3週間程度を目安にHQCチェックシートによるチェック活動を継続するとよい。もともと簡単な項目をチェック項目にしているため、一つひとつの行動自体は難しくなく、子どもが生活上の問題点に気づく機会さえつくってあげれば、自然に行動は改善へと向かうはずである。

第3節 ● HQC活動の効果

　最後に、実際にHQC手法を用いて改善活動を行った際の効果について紹介する。今回の事例では、ある小学校で10週間の生活習慣項目のチェック活動を行った。対象児には1年生も含まれているため、幼児においても十分に応用することが可能である。チェックした項目は10項目程度であり、前述の「早寝・早起き・朝ごはん」と重複する項目もある。やはり、改善効果の出

実践3 ●HQC手法を使った子どもの生活習慣改善法

現には時間差がみられたが、多くの項目で有意な改善がみられた。図6と図7は「自力で朝起きる」と「就寝前の歯磨き」の2項目の結果である。いずれも3週目もしくは4週目には統計的にも有意な改善がみられた。その後も改善した子どもの割合は、多少高くなったり低くなったりするが、高水準で改善された生活が維持できていたことがわかる。この取り組みの際は、HQCチェックシートをあらかじめ10枚（1枚が1週間分）綴じた自分用の冊子を一人一冊作成し、子どもたちにもたせてチェックを行ってもらった。もちろん、幼児の場合は、帰りの時間などにみんなで一緒にチェックしてもよい。図8は、取り組みの結果からHQCチェック活動による生活改善効果の出現時期の目安をまとめた。ある程度の時間を要するが、ごく単純なチェック活動が効果的に作用することがわかる。

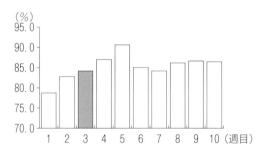

図6　「自力で朝起きる」習慣の改善過程
出所：中野貴博・大澤清二・佐川哲也「HQC手法による生活習慣改善の効果出現時期の検討」『発育発達研究』第37号　日本発育発達学会　2008年　p.14

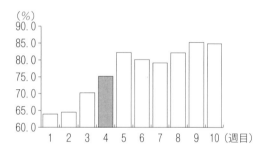

図7　「就寝前に歯磨きをしている」習慣の改善過程
出所：図6に同じ

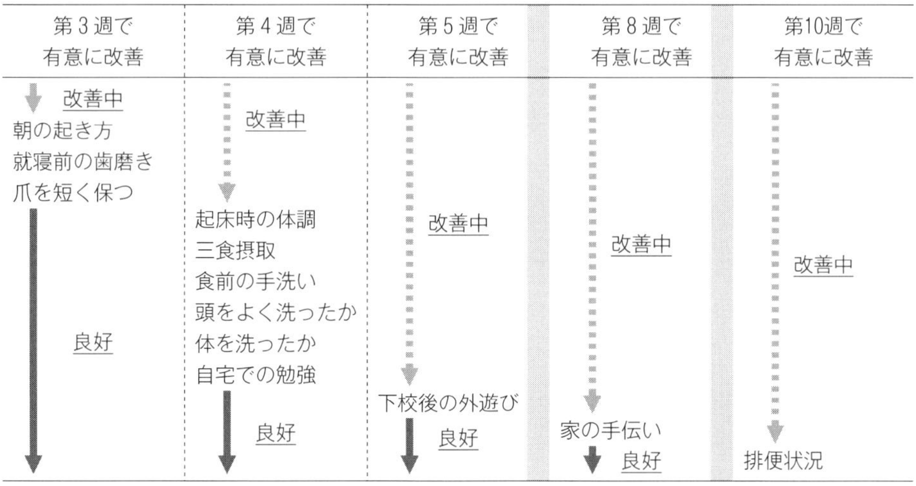

図8　HQCによる生活習慣改善における効果出現時期の目安
出所：中野貴博「学校が変わる　子どもを変える　HQC　第3回　HQCによる健康生活習慣の改善」『健康教室』第63巻第7号　東山書房　2012年　p.51

引用文献

1) 中野貴博「学校がかわる　子どもを変える　HQC　第3回　HQCによる健康生活習慣の改善」『健康教室』第63巻第7号（通巻932号）　東山書房　2012年6月号　pp.46-51
2) 中野貴博「『早寝，早起き，朝ごはん』運動とHQC」『子どもと発育発達』第8巻第3号　杏林書院　2010年　pp.173-179
3) 中野貴博・大澤清二・佐川哲也「HQC手法による生活習慣改善の効果出現時期の検討」『発育発達研究』第37号　日本発育発達学会　2008年　pp.9-16

参考文献

日本発育発達学会編『幼児期運動指針実践ガイド』杏林書院　2014年　pp.95-99
家田重晴編、柿山哲治・中野貴博他著『保健科教育　改訂第3版』杏林書院　2010年　pp.189-195
中野貴博「タイ農村部における子ども達の生活習慣改善の試みと成果」『統計情報』第55巻　2006年　pp.51-54
西嶋尚彦・佐川哲也・國土将平・田中秀幸・黒澤徳子・大澤清二「児童生徒の健康管理のためのHQC手法の開発─基本的生活習慣の改善による起立性調節障害（OD）の改善─」『学校保健研究』第32巻第4号　日本学校保健学会　1990年　pp.199-208
西嶋尚彦「日常生活におけるHealth Quality Control」『学校保健研究』第32巻第7号　日本学校保健学会　1990年　pp.314-319
出村愼一監修、村瀬智彦・春日晃章・酒井俊郎編、中野貴博他著『幼児のからだを測る・知る　測定の留意点と正しい評価』杏林書院　2011年　pp.110-123

実践 4　手軽な「七つ道具」で広げる運動遊び

　子どもの運動遊びは、保育者のアイデアや道具の使い方で無限に広がる。ここでは、身近にあり、安価で手軽に使える「七つ道具」（新聞紙、牛乳パック、フラフープ、ゴムひも、タオル、長縄、短縄）に着目し、それらの道具を用いた運動遊びの展開例を紹介する。

　紹介する運動遊びの内容は、保育の時間などに担任１人でクラス全員をまとめ、運動遊びを行う場面を想定している。もちろん、親子での遊びにも応用可能である。また、多様な動きを経験でき、なおかつ全身を使ったダイナミックな活動を通して十分な身体活動量を確保できる内容の遊びである。

　実践する際には、対象とする子どもの年齢に合わせて、運動遊びの内容やバリエーションを選択することが望ましい。現場の工夫も加えながら、子どもたちにさまざまな運動遊びを経験させてあげよう。

新聞紙 (p.194)　牛乳パック (p.196)　フラフープ (p.199)　ゴムひも (p.202)

タオル (p.205)　長縄 (p.208)　短縄 (p.210)

運動遊びの七つ道具

第1節 ●「新聞紙」を用いた運動遊びの展開例

❶落とさないように走る

1人で走る、2人で手をつないで走る、体のいろいろな部位につけて走るなど短時間でバリエーションをもたせながら行うとよい。広い場所で行ったり、一方通行にして、互いにぶつからないように場の設定を工夫する。

競争する

腕や脚につけて走る

❷バトンにして遊ぶ

【作り方】

新聞紙2～3枚を半分に折り、丸めてテープでとめる。

●リレー

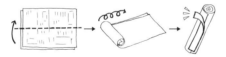

❸バットにして遊ぶ

【作り方】

朝刊1日分（約10～12枚）を横から丸めてテープでとめる。

●野球遊び

最初は地面に置いたボールを打つ遊びから始め、少しずつ発展させていく。

実践4●手軽な「七つ道具」で広げる運動遊び

❹輪にして遊ぶ

【作り方】

新聞紙3〜4枚を少しずらして重ね、斜めに丸めて両端をテープでとめる。

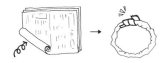

●輪投げ

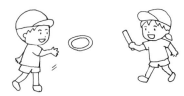
手にもった棒をねらって

コーンなどの的をねらって

❺ボールにして遊ぶ

【作り方】

新聞紙1枚を丸めて芯をつくる。そのまわりにつくりたいボールの大きさに合わせて新聞紙を重ね、丸めていく。布ガムテープを短めにちぎって貼っていくとよい。

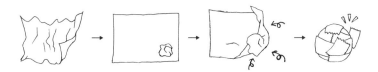

●キャッチボール

みんなで簡単な歌を歌いながら、そのリズムに合わせてキャッチしてもおもしろい（例：ぞうさん、でんでんむし、ちょうちょ、さいたさいた等）。

1人で　　　2人で　　　複数人で
隣の人に順にボールをパスしていき、笛が鳴ったときにボールをもっていた人が負けなど。

第Ⅱ部　実践編―保育者のための実践アイデア集―

●サッカー遊び

コピードリブル
前のドリブルしている人になるべく離れないようについていく。

1対1ゲートボールサッカー
ゴールをコーンやハードルなどでたくさんつくり、1対1を一斉に行う。たくさん点をとったほうが勝ちとする。

●ばくだんゲーム

相手陣地にボール（ばくだん）を投げたり、蹴ったりして入れる。制限時間を決め、多く入れたほうが勝ちとする。

第2節 ● 「牛乳パック」を用いた運動遊びの展開例

❶手裏剣にして遊ぶ

【作り方】

牛乳パックを図のように2cmくらいの幅に切って組み合わせる。テープでとめると壊れにくい。絵を描いたり、色を塗ったりすると道具に対してより愛着がわく。

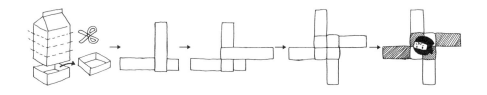

実践4 ●手軽な「七つ道具」で広げる運動遊び

●忍者の修行

手裏剣を腰に差し、忍者になりきって園庭をまわりながらさまざまな修行を行う。多様な動きを意欲的に経験させることができる。

❷ブロックにして遊ぶ

【作り方】

パックのなかに新聞紙を目いっぱいつめる（子どもが乗ってもつぶれないようにする）。

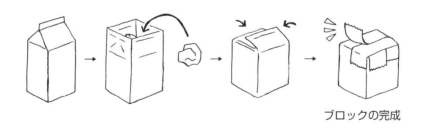

ブロックの完成

●バランスウォーク

いろいろな歩き方で　　ブロックの間を少し空けて

●連続ジャンプ＆ジグザグ走

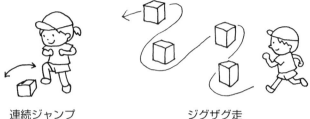

連続ジャンプ　　　　　　ジグザグ走

●立てる＆倒す競争

　1チームはブロックを手で倒す。もう1チームはブロックを手で立てる。役割を交代して2回行い、倒したブロックが多かったチームの勝ちとする。

【バリエーション】
- 色つきブロックを使って：2チームに分け、相手チームの色つきブロックを倒しながら、自分のチームの色つきブロックを立てる。

❸メンコにして遊ぶ

【作り方】

　1ℓ牛乳パックをはさみで切って開き、内側の白い面が外側になるように折りたたんでテープで固定する（当てる用）。折り紙を4〜5cmの正方形に切る（当てられる用）。自分のメンコで折り紙をひっくり返したらその折り紙をもらえる。

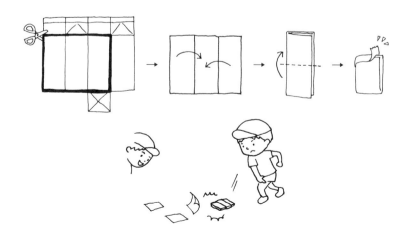

❹いかだをつくって遊ぶ

【作り方】

パックの上の部分をなかに折り、布ガムテープで空気が入らないようにふたをする。それを組み合わせて目的の大きさにする。

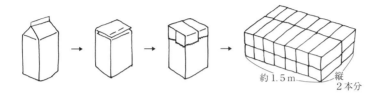

● 牛乳パックいかだ

いかだに乗って手で漕いで進んだり、いかだから他のいかだへ移動したりして遊ぶ。

第3節 ●「フラフープ」を用いた運動遊びの展開例

❶くぐって遊ぶ

● ペアで

1人が闘牛士、もう1人が牛になって遊ぶ。

● 全員で

フラフープをもつ人とくぐる人を半々に分ける。10個フラフープをくぐったら座るなどと競争させる。くぐり方を変えたり、ボールをくぐらせたりと工夫する。

第Ⅱ部 実践編―保育者のための実践アイデア集―

❷ジャンプして遊ぶ

●引っ越しゲーム

3、4人のチームをつくる。チームのなかの1人は、残りのメンバーが動かしたフラフープを渡っていく。ある遊具からある遊具まで移動し、少しその遊具で遊び、また違う遊具へと移動していくのもおもしろい。

❸車のハンドルに見立てて遊ぶ

●バスの運転手

保育者の声かけで、さまざまな動きを引き出せる。例：「赤信号だ。止まって」「低いトンネルに入るよ、頭を低くして」「高速道路に入ったよ。スピードあげて」など。

フラフープのなかに入って　　　フラフープの外につかまって

❹目印にして遊ぶ

●フラフープとりゲーム

複数のフラフープの外に描かれた円に沿って、1列で走ってまわる。合図があったらフラフープのなかに入る。入れなかったら負けになる。フラフープの数を減らしたり、フラフープのなかに入れる人数を1人、2人、3人と増やしたり、フラフープのなかに入ったときのポーズを指定したり、合図を工夫して行う（たとえば「オオカミがきたぞー」等）。

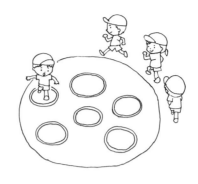

●川渡り

2チームに分ける（川を渡る攻撃チーム、それを阻止する守りチーム）。攻撃チームは守りチームにタッチされずに川を渡りきったら1点。点をとったらスタートラインに戻って、再度挑戦する。途中でタッチされた場合も同様に再挑戦する。川の途中にフラフープを置き、そのなかはタッチされないエリアとする。制限時間を決め、攻守交代して行う。

❺フラフープの色を使って遊ぶ

子どもをライン上に立たせ、色フラフープをばらまいておく。指導者の指定した色を踏んで戻ってくるまでを競走させる。「青、緑、黄」などと指定する色を増やしていく。ペアをつくり、手をつないで行わせたり、フラフープにタッチする体の部位や姿勢を変えてもよい（手、おしり、おなか等）。

第4節 ●「ゴムひも」を用いた運動遊びの展開例

❶ジャンプして遊ぶ

●高さを変化させるゴム跳び

ゴムひもの一方を保育者がもち、もう一方を木や鉄棒などに結ぶ。ジャンプしてゴムひもを越え、反対側に行くことができたら成功。徐々に高さを上げていく。遊びに慣れてきたら、子ども同士で4、5人のグループをつくり、自分たちで遊べるようになる。ゴムは伸びるため、安全に遊ぶことができる。

●幅を変化させるゴム跳び

2本のゴムひもを使って川をつくり、助走をつけて跳ばせる。徐々に幅を広げていく。

実践4 ●手軽な「七つ道具」で広げる運動遊び

●連続跳び

ゴムひもの端を輪にし、コーンなどに引っ掛ける。
- ジグザグに連続して跳ぶ
- 片足ずつ、両足そろえて
- 横向きで、後ろ向きで
- 空中で手を叩いて
- パー、クロス、パー、クロス、…
（パーはゴムひもをまたぐ、クロスはジャンプして足をクロスさせゴムひもをまたぐ）

子どもがひっかかっても外れないように、テープでとめておくとよい。

【バリエーション】

ゴムひもを2本にして跳ぶ。
- グー、パー、グー、パー、……
- 右、中、左、中、右、……

❷回転して遊ぶ

●忍者跳び

ゴムの手前に手をつき、足を上げてひもを越えていく。次第に高さを上げていく。

❸くぐって遊ぶ

くぐって、跳んで、くぐってなどバリエーションをもたせるとよい。リレーなどを行う際に、障害物として用いてもおもしろい。

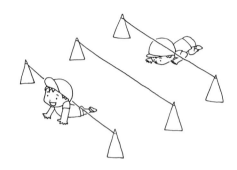

❹踏んで遊ぶ

ゴムの特性を活かしたバリエーションの1つ。全力で遠くへ跳ぶ力だけでなく、距離を調整して跳ぶ力をつけることができる。

なお、コーンを倒れにくくするには、長めのゴムひも（4～5m）を使用するとよい。

❺立体的にエリアをつくって遊ぶ

●魚とり

1人漁師を決め、残りの子どもは魚としてスタートライン上に並ぶ。漁師が漁をできるエリアを、コーンとゴムひもでつくっておく。漁師の「魚をとるぞー」の声に合わせて、魚たちは「わー」と声を出しながらエリアのなかを通って反対側まで走る。漁師にタッチされた魚は漁師になる。エリアや陣地を決める必要のある他の鬼ごっこなどにも応用可能である。

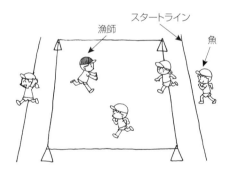

幼児は単なる線よりも、立体物でエリアを示したほうが理解しやすい。

実践4 ●手軽な「七つ道具」で広げる運動遊び

第5節 ●「タオル」を用いた運動遊びの展開例

❶タオルボールにして遊ぶ

【作り方】

タオルの大きさにもよるが、2回コマ結びにする。

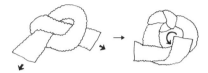

●宝運び競走

並行になって

前後になって

●ロケット発射

●玉入れゲーム

保育者は傘を広げた状態で逆さにもって動く。子どもたちは傘のなかにタオルボールを投げ入れる。傘のなかにタオルボールがたまってきたら「バーン！」と噴火させてまき散らす。

●宝集めゲーム

　大きな丸のなかに宝（タオルボール）を置く（室内であれば、長縄などで丸をつくってもよい）。その中央の円を取り囲むように、各チームは陣地をつくる（隣り合う陣地との距離はできるだけ等しくする）。1チーム3、4人で、交代交代、宝をとりに行く。中央の宝がなくなったら、まわりのチームの宝をとりに行く。最後に宝が多かったチームの勝ちとする。

❷雑巾にして遊ぶ

　雑巾がけリレーをして競争する。コースを変化させたり、2人組で協力して行わせたりすると楽しくできる。

❸しっぽにして遊ぶ

●2人組で
向かい合って片手をつなぎ、相手のしっぽをとり合う。

●全員で
しっぽをとられた子どもは自陣のエリアに立つ（壁にタッチすることにしてもよい）。仲間からしっぽをもらったら復活できる。相手からとったしっぽをもっている子どもは、自分のしっぽをとられても、そのしっぽをつけて再開できる。

❹マントにして遊ぶ

●ムササビ鬼ごっこ
鬼から逃げるときは、タオルをマントのように広げて走る。タオルを閉じたときは、バリア状態（無敵）となる。

第Ⅱ部　実践編―保育者のための実践アイデア集―

第6節 ●「長縄」を用いた運動遊びの展開例

❶バランスをとって遊ぶ

●バランス綱渡り

人数が多いときは長縄2つをつなげて長くしたり、グループをいくつかに分けてコースを増やしたりして行う。

【バリエーション】
- 横向きで歩く。
- ペアでつながって歩く。
- 2チームに分かれて、ジャンケンゲームをする。

❷つながって遊ぶ

●急行列車で探検隊

列車になりきって、先頭の子どもの行きたいところへ出発する。適宜、先頭を交代する。

実践4 ●手軽な「七つ道具」で広げる運動遊び

●しっぽをつかまえろ

先頭の子どもが最後尾の子どもにタッチする。タッチしたら、次は先頭の子どもが最後尾になって遊びを続ける。

❸まわして遊ぶ

●縄まわし競争

2チームに分け、円をつくって座らせる。縄には赤テープなどで印をつけておく。ヨーイドンで縄をみんなで協力して送っていき、早くまわせたチームの勝ちとする。股下を通して行ったり、立って行ったりなどさまざまなまわし方で競争させる。

●ヘリコプター

まわっている縄のなかにタイミングを合わせて出入りする。縄の先端を何回か結んで重くしておくとまわしやすい。

第Ⅱ部　実践編―保育者のための実践アイデア集―

❹ジャンプして遊ぶ

●協力ジャンプゲーム

　子どもは2列に並ぶ。みんながジャンプできる高さで、保育者と子ども1人が縄をもち、列の前方から後方へ走っていく。行きはジャンプさせ、帰りはしゃがんで縄に当たらないようにさせる。往復して戻ってきたら縄をもつ子どもを他の子どもと交代する。

❺目印にして遊ぶ

●的をねらえ

　長縄を内側に小さな円ができるように円く置く。小さい円のなかは2点などと点数を決める。子どもは線を出ないように、新聞紙ボールやタオルボールなどを投げたり蹴ったりして円のなかに入れる。2か所でチーム戦にしても盛り上がる。

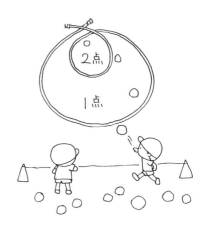

第7節 ●「短縄」を用いた運動遊びの展開例

❶ジャンプして遊ぶ

　少しずつジャンプする距離を長くして挑戦させるために、最初は「結んだまま」、次は「半分に折って」、最後は「伸ばして」跳ばせる。

実践4 ●手軽な「七つ道具」で広げる運動遊び

●結んだまま　●半分に折って　●伸ばして

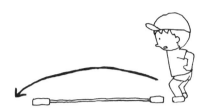

●2つつなげて

ジグザグジャンプする。片足や両足での前後ジャンプ、かえる跳び、うさぎ跳び、ジャンプ中に手を叩くなどのバリエーションを加える。

●回転ジャンプ

3、4人組をつくり、半円状に並ぶ。回転する縄を順に跳んでいき、引っかかったら列の一番後ろに行く。

【バリエーション】
・3人で手をつないでジャンプする。
・後ろ向きでジャンプする。
・走りながらジャンプする。

❷引っ張り合って遊ぶ

2人組で縄を引っ張り合う。縄をもつ手を離したり、1歩でもバランスを崩したりしたら負けとする。片足で行ったり、座ったまま行ったりしてもよい。

グリップをにぎって引っ張ると短縄がこわれやすいため、縄の部分をにぎらせる。

211

❸くぐって遊ぶ

●いろはにほへと

4、5人のグループで行う。縄をもつ子ども2人を決め、残りの子どもは縄に背を向けて立たせる。縄をもつ子どもの「いろはにほへと、くぐるか跳ぶか、障子破りか」の声に合わせて、「くぐる」「跳ぶ」「障子破り」を選択させる。「くぐる」は2本ともくぐれたら、「跳ぶ」は2本とも跳べたら成功になる。「障子破り」は2本の間を縄に引っかからないように通り抜けたら成功になる。失敗した子どもが縄をもつ子どもと交代する。

くぐる　　　　　　　　　　　障子破り

❹目印にして遊ぶ

●すもう

ラインを引く手間がなく、クラス全員で一斉に遊ぶことができる。

●島鬼

短縄を集めて、ちょうど三角形の頂点になる位置に大きな島を3つくる。鬼を数人決め、島の中央にフープなどを置いて、そのなかに立たせる。「引っ越し！」などの合図に合わせて島を移動させ、その途中で鬼にタッチされた子どもは鬼と交代する。ルールの工夫で遊びが広がる（例：鬼が増えていく、鬼がボールをもって当てられたら交代する、島を移動するときは片足ケンケンにするなど）。

幼児期運動指針

平成24年3月
幼児期運動指針策定委員会

1 幼児を取り巻く社会の現状と課題

　現代の社会は、科学技術の飛躍的な発展などにより、生活が便利になっている。生活全体が便利になったことは、歩くことをはじめとした体を動かす機会を減少させるだけでなく、子どもにとっては、家事の手伝いなどの機会を減少させた。さらに一般的な生活をするためだけであれば、必ずしも高い体力や多くの運動量を必要としなくなっており、そうした大人の意識は、子どもが体を動かす遊びをはじめとする身体活動の軽視につながっている。

　都市化や少子化が進展したことは、社会環境や人々の生活様式を大きく変化させ、子どもにとって遊ぶ場所、遊ぶ仲間、遊ぶ時間の減少、そして交通事故や犯罪への懸念などが体を動かして遊ぶ機会の減少を招いている。

　文部科学省で平成19年度から21年度に実施した「体力向上の基礎を培うための幼児期における実践活動の在り方に関する調査研究（以後、文部科学省調査という。）」においても、体を動かす機会の減少傾向がうかがえる結果であったことから、このような社会の変化は幼児においても同様の影響を与えていると考えられる。このことは、結果的に幼児期からの多様な動きの獲得や体力・運動能力に影響している。

　幼児にとって体を動かして遊ぶ機会が減少することは、その後の児童期、青年期への運動やスポーツに親しむ資質や能力の育成の阻害に止まらず、意欲や気力の減弱、対人関係などコミュニケーションをうまく構築できないなど、子どもの心の発達にも重大な影響を及ぼすことにもなりかねない。

　このような状況を踏まえると、主体的に体を動かす遊びを中心とした身体活動を、幼児の生活全体の中に確保していくことは大きな課題である。

2 幼児期における運動の意義

　幼児は心身全体を働かせて様々な活動を行うので、心身の様々な側面の発達にとって必要な経験が相互に関連し合い積み重ねられていく。このため、幼児期において、遊びを中心とする身体活動を十分に行うことは、多様な動きを身に付けるだけでなく、心肺機能や骨形成にも寄与するなど、生涯にわたって健康を維持したり、何事にも積極的に取り組む意欲を育んだりするなど、豊かな人生を送るための基盤づくりとなることから、以下のような様々な効果が期待できる。

(1) 体力・運動能力の向上

　体力は人間の活動の源であり、健康の維持のほか、意欲や気力といった精神面の充実にも大きくかかわっており、人が生きていくために重要なものである。特に幼児期は、神経機能の発達が著しく、タイミングよく動いたり、力の加減をコントロールしたりするなどの運動を調整する能力が顕著に向上する時期である。この能力は、新しい動きを身に付けるときに重要な働きをする能力であるととも

に、周りの状況の的確な判断や予測に基づいて行動する能力を含んでおり、けがや事故を防止することにもつながる。このため、幼児期に運動を調整する能力を高めておくことは、児童期以降の運動機能の基礎を形成するという重要な意味を持っている。

また、日ごろから体を動かすことは、結果として活動し続ける力（持久力）を高めることにもつながる。

(2) 健康的な体の育成

幼児期に適切な運動をすると、丈夫でバランスのとれた体を育みやすくなる。特に運動習慣を身に付けると、身体の諸機能における発達が促されることにより、生涯にわたる健康的で活動的な生活習慣の形成にも役立つ可能性が高く、肥満や痩身を防ぐ効果もあり、幼児期だけでなく、成人後も生活習慣病になる危険性は低くなると考えられる。また、体調不良を防ぎ、身体的にも精神的にも疲労感を残さない効果があると考えられる。

(3) 意欲的な心の育成

幼児にとって体を動かす遊びなど、思い切り伸び伸びと動くことは、健やかな心の育ちも促す効果がある。また、遊びから得られる成功体験によって育まれる意欲や有能感は、体を活発に動かす機会を増大させるとともに、何事にも意欲的に取り組む態度を養う。

(4) 社会適応力の発達

幼児期には、徐々に多くの友達と群れて遊ぶことができるようになっていく。その中でルールを守り、自己を抑制し、コミュニケーションを取り合いながら、協調する社会性を養うことができる。

(5) 認知的能力の発達

運動を行うときは状況判断から運動の実行まで、脳の多くの領域を使用する。すばやい方向転換などの敏捷な身のこなしや状況判断・予測などの思考判断を要する全身運動は、脳の運動制御機能や知的機能の発達促進に有効であると考えられる。

幼児が自分たちの遊びに合わせてルールを変化させたり、新しい遊び方を創り出したりするなど、遊びを質的に変化させていこうとすることは、豊かな創造力も育むことにもつながる。

3　幼児期運動指針策定の意図

幼児期における運動の実践は、心身の発育に極めて重要であるにも関わらず、全ての幼児が十分に体を動かす機会に恵まれているとはいえない現状がある。そこで、幼児の心身の発達の特性に留意しながら、幼児が多様な運動を経験できるような機会を保障していく必要がある。

その際、幼児期の運動は、一人一人の幼児の興味や生活経験に応じた遊びの中で、幼児自らが体を動かす楽しさや心地よさを実感することが大切であることから、幼児が自発的に体を動かして遊ぶ機会を十分保障することが重要である。さらに、幼児が楽しく体を動かして遊んでいる中で、多様な動きを身に付けていくことができるように、様々な遊びが体験できるような手立てが必要となる。

これらを実現するためには、保護者や、幼稚園、保育所などの保育者をはじめ、幼児に関わる人々が幼児期の運動をどのようにとらえ、どのように実施するとよいのかについて、おおむね共有していくことが重要である。そこで、運動習慣の基盤づくりを通して、幼児期に必要な多様な動きの獲得や体力・運動能力を培うとともに、様々な活動への意欲や社会性、創造性などを育むことを目指し、幼児期の運動の在り方についての指針を策定した。なお、ここで示す幼児とは、3歳から6歳の小学校

就学前の子どもを指す。

4　幼児期の運動の在り方

(1)　運動の発達の特性と動きの獲得の考え方

　幼児期は、生涯にわたって必要な多くの運動の基となる多様な動きを幅広く獲得する非常に大切な時期である。動きの獲得には、「動きの多様化」と「動きの洗練化」の二つの方向性がある。

　「動きの多様化」とは、年齢とともに獲得する動きが増大することである。幼児期において獲得しておきたい基本的な動きには、立つ、座る、寝ころぶ、起きる、回る、転がる、渡る、ぶら下がるなどの「体のバランスをとる動き」、歩く、走る、はねる、跳ぶ、登る、下りる、這う、よける、すべるなどの「体を移動する動き」、持つ、運ぶ、投げる、捕る、転がす、蹴る、積む、こぐ、掘る、押す、引くなどの「用具などを操作する動き」が挙げられる。通常、これらは、体を動かす遊びや生活経験などを通して、易しい動きから難しい動きへ、一つの動きから類似した動きへと、多様な動きを獲得していくことになる。

　「動きの洗練化」とは、年齢とともに基本的な動きの運動の仕方（動作様式）がうまくなっていくことである。幼児期の初期（3歳から4歳ごろ）では、動きに「力み」や「ぎこちなさ」が見られるが、適切な運動経験を積むことによって、年齢とともに無駄な動きや過剰な動きが減少して動きが滑らかになり、目的に合った合理的な動きができるようになる。

　次に、目安として幼児期における一般的な運動の発達の特性と経験しておきたい遊び（動き）の例について示す。なお、幼児の発達は、必ずしも一様ではないため、一人一人の発達の実情をとらえることに留意する必要がある。

① 3歳から4歳ごろ

　基本的な動きが未熟な初期の段階から、日常生活や体を使った遊びの経験をもとに、次第に動き方が上手にできるようになっていく時期である。特に幼稚園、保育所等の生活や家庭での環境に適応しながら、未熟ながらも基本的な動きが一通りできるようになる。次第に自分の体の動きをコントロールしながら、身体感覚を高め、より巧みな動きを獲得することができるようになっていく。

　したがって、この時期の幼児には、遊びの中で多様な動きが経験でき、自分から進んで何度も繰り返すことにおもしろさを感じることができるような環境の構成が重要になる。例えば、屋外での滑り台、ブランコ、鉄棒などの固定遊具や、室内での巧技台やマットなどの遊具の活用を通して、全身を使って遊ぶことなどにより、立つ、座る、寝ころぶ、起きる、回る、転がる、渡る、ぶら下がるなどの「体のバランスをとる動き」や、歩く、走る、はねる、跳ぶ、登る、下りる、這う、よける、すべるなどの「体を移動する動き」を経験しておきたい。

② 4歳から5歳ごろ

　それまでに経験した基本的な動きが定着しはじめる。

　友達と一緒に運動することに楽しさを見いだし、また環境との関わり方や遊び方を工夫しながら、多くの動きを経験するようになる。特に全身のバランスをとる能力が発達し、身近にある用具を使って操作するような動きも上手になっていく。

　さらに遊びを発展させ、自分達でルールや決まりをつくることにおもしろさを見いだしたり、大人

が行う動きのまねをしたりすることに興味を示すようになる。例えば、なわ跳びやボール遊びなど、体全体でリズムをとったり、用具を巧みに操作したりコントロールさせたりする遊びの中で、持つ、運ぶ、投げる、捕る、転がす、蹴る、積む、こぐ、掘る、押す、引くなどの「用具などを操作する動き」を経験しておきたい。

③ 5歳から6歳ごろ

　無駄な動きや力みなどの過剰な動きが少なくなり、動き方が上手になっていく時期である。

　友達と共通のイメージをもって遊んだり、目的に向かって集団で行動したり、友達と力を合わせたり役割を分担したりして遊ぶようになり、満足するまで取り組むようになる。それまでの知識や経験を生かし、工夫をして、遊びを発展させる姿も見られるようになる。

　この時期は、全身運動が滑らかで巧みになり、全力で走ったり、跳んだりすることに心地よさを感じるようになる。ボールをつきながら走るなど基本的な動きを組み合わせた動きにも取り組みながら、「体のバランスをとる動き」「体を移動する動き」「用具などを操作する動き」をより滑らかに遂行できるようになることが期待される。そのため、これまでより複雑な動きの遊びや様々なルールでの鬼遊びなどを経験しておきたい。

(2) 運動の行い方

　幼児期は、生涯にわたる運動全般の基本的な動きを身に付けやすく、体を動かす遊びを通して、動きが多様に獲得されるとともに、動きを繰り返し実施することによって動きの洗練化も図られていく。また、意欲をもって積極的に周囲の環境に関わることで、心と体が相互に密接に関連し合いながら、社会性の発達や認知的な発達が促され、総合的に発達していく時期である。

　そのため、幼児期における運動については、適切に構成された環境の下で、幼児が自発的に取り組む様々な遊びを中心に体を動かすことを通して、生涯にわたって心身ともに健康的に生きるための基盤を培うことが必要である。

　また、遊びとしての運動は、大人が一方的に幼児にさせるのではなく、幼児が自分たちの興味や関心に基づいて進んで行うことが大切であるため、幼児が自分たちで考え工夫し挑戦できるような指導が求められる。なお、幼児にとって体を動かすことは遊びが中心となるが、散歩や手伝いなど生活の中での様々な動きを含めてとらえておくことが大切である。

　これらを総合的に踏まえると、幼稚園、保育所などに限らず、家庭や地域での活動も含めた一日の生活全体の身体活動を合わせて、幼児が様々な遊びを中心に、毎日、合計60分以上、楽しく体を動かすことが望ましい。また、その推進に当たっては、次の3点が重要である。

① 多様な動きが経験できるように様々な遊びを取り入れること

　幼児期は運動機能が急速に発達し、体の基本的な動きを身に付けやすい時期であることから、多様な運動刺激を与えて、体内に様々な神経回路を複雑に張り巡らせていくことが大切である。それらが発達することにより、普段の生活で必要な動きをはじめ、とっさの時に身を守る動きや将来的にスポーツに結び付く動きなど多様な動きを身に付けやすくすることができる。そのためには、幼児が自発的に様々な遊びを体験し、幅広い動きを獲得できるようにする必要がある。幼児にとっての遊びは、特定のスポーツ（運動）のみを続けるよりも、動きの多様性があり、運動を調整する能力を身に付けやすくなる。幼児期には体を動かす遊びなどを通して多様な動きを十分経験しておくことが大切である。

　体を動かす遊びには、先に挙げたように多様な動きが含まれる。例えば、鬼遊びをすると、「歩く、

走る、くぐる、よける」などの動きを、夢中になって遊んでいるうちに総合的に経験することになる。そのため、幼児期には様々な遊びを楽しく行うことで、結果的に多様な動きを経験し、それらを獲得することが期待される。

②楽しく体を動かす時間を確保すること

多様な動きの獲得のためには、量（時間）的な保障も大切である。一般的に幼児は、興味をもった遊びに熱中して取り組むが、他の遊びにも興味をもち、遊びを次々に変えていく場合も多い。そのため、ある程度の時間を確保すると、その中で様々な遊びを行うので、結果として多様な動きを経験し、それらを獲得することになる。

文部科学省調査では、外遊びの時間が多い幼児ほど体力が高い傾向にあるが、4割を超える幼児の外遊びをする時間が一日1時間（60分）未満であることから、多くの幼児が体を動かす実現可能な時間として「毎日、合計60分以上」を目安として示すこととした。幼児にとって、幼稚園や保育所などでの保育がない日でも体を動かすことが必要であることから、保育者だけでなく保護者も共に体を動かす時間の確保が望まれる。

なお、幼児が体を動かす時間は、環境や天候などの影響を受けることから、屋内も含め一日の生活において、体を動かす合計の時間として設定した。

③発達の特性に応じた遊びを提供すること

幼児に体を動かす遊びを提供するに当たっては、発達の特性に応じて行うことが大切である。幼児は、一般的に、その時期に発達していく身体の諸機能をいっぱいに使って動こうとする。そのため、発達の特性に応じた遊びをすることは、その機能を無理なく十分に使うことによってさらに発達が促進され、自然に動きを獲得することができ、けがの予防にもつながるものである。また、幼児の身体諸機能を十分に動かし活動意欲を満足させることは、幼児の有能感を育むことにもなり、体を使った遊びに意欲的に取り組むことにも結び付く。

したがって、幼児期の運動は、体に過剰な負担が生じることのない遊びを中心に展開される必要がある。発達の特性に応じた遊びを提供することは、自発的に体を動かして遊ぶ幼児を育成することになり、結果として無理なく基本的な動きを身に付けることになる。

これらを踏まえ、幼児の興味や関心、意欲など運動に取り組んでいく過程を大切にしながら、幼児期に早急な結果を求めるのではなく、小学校以降の運動や生涯にわたってスポーツを楽しむための基盤を育成することを目指すことが重要である。

なお、運動の在り方に示した内容を推進するに当たっては、次のような配慮をすることが望まれる。
○幼児期は発達が著しいが、同じ年齢であってもその成長は個人差が大きいので、一人一人の発達に応じた援助をすること。
○友達と一緒に楽しく遊ぶ中で多様な動きを経験できるよう、幼児が自発的に体を動かしたくなる環境の構成を工夫すること。
○幼児の動きに合わせて保育者が必要に応じて手を添えたり見守ったりして安全を確保するとともに、固定遊具や用具などの安全な使い方や、周辺の状況に気付かせるなど、安全に対する配慮をすること。
○体を動かすことが幼稚園や保育所などでの一過性のものとならないように、家庭や地域にも情報を発信し、共に育てる姿勢をもてるようにすること。

索　引

欧文

AED ··· 155
Health Quality Control（HQC） ········ 59, 187
PDCAサイクル ······································· 60
PM2.5 ··· 15
RICE法 ··· 146
SIDS ··· 139

あーお

アストロサイト ··· 42
遊びの発達 ·· 39
アナフィラキシー ···································· 153
安全管理マニュアル ································ 140
安全教育 ··· 141
安全マップ ··· 143
安定性 ··· 89
いかのおすし ······································· 146
一般型 ··· 28
移動動作 ·· 91
衣服の着脱 ·· 57
インフルエンザ ···································· 158
運動 ·· 33
運動習慣 ·· 58
運動有能感 ·· 82
衛生管理 ··· 159
応急処置 ··· 146
おはしも ······································· 141, 146
オリゴデンドロサイト ································· 42

かーこ

拡張期血圧 ·· 32
加速度計法 ·· 129
感情 ·· 34
間接圧迫止血法 ···································· 147
感染 ·· 156
感染経路 ··· 157
感染症 ··· 156

がんばりカード ······························· 103, 172
基本的生活習慣 ·························· 47, 49, 54
基本的動作 ·· 89
協調スキル ·· 38
切り傷 ··· 148
筋機能 ··· 77
空間認識能力 ································· 86, 173
空気感染 ··· 157
グリア細胞 ·· 42
経口感染 ··· 158
血圧 ·· 32
健康 ·· 12, 17
向社会的行動 ······································· 134
巧緻運動 ·· 33
交通安全 ··· 141
後頭葉 ··· 41
呼吸循環機能 ··· 78
こだわり行動 ·· 108
骨折 ·· 150

さーそ

サーカディアンリズム ································ 53
サーキット遊び ······································ 174
刺し傷 ··· 148
止血帯法 ··· 147
止血法 ··· 147
自己概念 ······································· 36, 133
自己評価　→自己概念
自己フィードバック効果 ··························· 190
疾病 ·· 156
質問紙法 ··· 129
指導計画 ··· 100
自動体外式除細動器　→AED
自閉スペクトラム症 ······························· 105
社会性 ··· 38, 134
収縮期血圧 ·· 32
情緒 ·· 34
情緒の安定 ·· 22

219

小脳	40, 89	直接観察法	133
食習慣	54	手洗い	58, 157
神経型	28	定型発達	105
神経機能	75	低出生体重児	17
心肺蘇生法	154	伝承遊び	97, 176
心拍数法	129	頭頂葉	42
身辺の自立	57	頭部打撲	151
髄鞘化	42, 43	特性要因図	61, 187
睡眠	53		
スキャモン	28		

なーの

二重標識水法	129
ニューロン	42
熱性けいれん	152
熱中症	151
捻挫	149
脳	40
脳幹	40
ノロウイルス	158

スモールステップ	109, 170
すり傷	148
生活安全	141
生活リズム	47
清潔習慣	57
生殖型	28
成長ホルモン	53
生命の保持	22
生理機能	31
接触感染	157
前庭	109
前頭前野	85
前頭葉	41, 85
潜伏期間	156
操作動作	91
側頭葉	41
粗大運動	33

はーほ

パーソナリティ	36
パーテン（Parten, M. B.）	39
排泄	56
はしか　→麻しん	
発育	28
発達	28
発達支援	105
鼻血	150
パレート図	60
微細運動	33
避難訓練	141, 146
飛沫核感染　→空気感染	
飛沫感染	157
肥満度	113
ヒヤリハット事例	140
フィッシュボーンダイアグラム　→特性要因図	
ブロードマン（Brodmann, K.）	41
プログラム細胞死	43
ペンフィールドの脳地図	41
保育所保育指針	21, 106
報告書	140

たーと

体支持持続時間	120
体性感覚	109
胎生中期	43
大脳	40
大脳基底核	40
大脳新皮質	40
大脳皮質	40
大脳辺縁系	40
脱臼	149
打撲	149
チェックシート	62, 189
長座体前屈	123
直接圧迫止血法	147

ま—も

麻しん …………………………………… *158*
ミクログリア …………………………… *42*

や—よ

やけど …………………………………… *151*
有能感 …………………………………… *36*
幼児期運動指針 ……………… *71*, *170*, *213*

幼稚園教育要領 …………………… *19*, *106*
幼保連携型認定こども園教育・保育要領 …… *24*

ら—ろ

領域「健康」 …………………………… *17*
臨界期 …………………………………… *44*
リンパ型 ………………………………… *28*
ルイス（Lewis, M.） …………………… *34*
ロコモティブシンドローム …………… *15*

●編者紹介

【編集代表】

春日　晃章（かすが　こうしょう）

金沢大学大学院教育学研究科修了　（博士（医学））
現在、岐阜大学教育学部教授、学校法人春日学園はなぞの幼稚園・はなぞの北幼稚園理事長、岐阜大学保育園園長
主著：『健康の科学』金芳堂　1999年　共著
　　　『新保育ライブラリ　保育の内容・方法を知る　保育内容　健康』2009年　共著
　　　『幼児のからだとこころを育てる運動遊び』杏林書院　2012年　編著
　　　『幼児期運動指針実践ガイド』杏林書院　2014年　共著

【編集】

松田　繁樹（まつだ　しげき）

金沢大学大学院自然科学研究科博士後期課程修了　（博士（学術））
現在、滋賀大学教育学部教授
主著：『健康・スポーツ科学の基礎』杏林書院　2009年　共著
　　　『健康・スポーツ科学のためのExcelによる統計解析入門』杏林書院　2009年　共著
　　　『テキスト保健体育　改訂版』大修館書店　2011年　共著
　　　『幼児のからだとこころを育てる運動遊び』杏林書院　2012年　共著

中野　貴博（なかの　たかひろ）

筑波大学体育科学研究科修了　（博士（体育科学））
現在、中京大学スポーツ科学部教授
主著：『幼児期運動指針実践ガイド』杏林書院　2014年　共著
　　　『幼児のからだを測る・知る―測定の留意点と正しい評価法―』杏林書院　2011年　共著
　　　『学校における思春期やせ症への対応マニュアル』少年写真新聞社　2011年　共著
論文：Changes in Healthy Childhood Lifestyle Behaviors in Japanese Rural Areas. *Journal of School Health*, 83(4), 2013.

新時代の保育双書
保育内容　健康［第2版］

2015年4月10日　初版第1刷発行
2017年3月30日　初版第3刷発行
2018年3月20日　第2版第1刷発行
2023年3月1日　第2版第6刷発行

編集代表　春日晃章
編　　集　松田繁樹・中野貴博
発 行 者　竹鼻均之
発 行 所　株式会社みらい
　　　　　〒500-8137　岐阜市東興町40　第5澤田ビル
　　　　　TEL　058-247-1227（代）
　　　　　https://www.mirai-inc.jp/
印刷・製本　サンメッセ株式会社

ISBN978-4-86015-446-2　C3337
Printed in Japan　　　乱丁本・落丁本はお取替え致します。

シリーズ 保育と現代社会

保育と社会福祉〔第3版〕
B5判　232頁　定価2,310円（税10%）

演習・保育と相談援助〔第2版〕
B5判　208頁　定価2,200円（税10%）

保育と子ども家庭福祉
B5判　224頁　定価2,310円（税10%）

保育と子ども家庭支援論
B5判　180頁　定価2,310円（税10%）

保育と社会的養護Ⅰ
B5判　256頁　定価2,530円（税10%）

演習・保育と社会的養護実践
―社会的養護Ⅱ
B5判　228頁　定価2,310円（税10%）

演習・保育と子育て支援
B5判　208頁　定価2,420円（税10%）

演習・保育と障害のある子ども
B5判　280頁　定価2,530円（税10%）

保育と日本国憲法
B5判　200頁　定価2,200円（税10%）

保育士をめざす人の福祉シリーズ

九訂　保育士をめざす人の社会福祉
B5判　208頁　定価2,310円（税10%）

新版　保育士をめざす人のソーシャルワーク
B5判　188頁　定価2,200円（税10%）

新版　保育士をめざす人の子ども家庭福祉
B5判　204頁　定価2,310円（税10%）

新版　保育士をめざす人の社会的養護Ⅰ
B5判　176頁　定価2,310円（税10%）

新版　保育士をめざす人の社会的養護Ⅱ
B5判　168頁　定価2,310円（税10%）

新版　保育士をめざす人の子ども家庭支援
B5判　184頁　定価2,310円（税10%）

新時代の保育双書シリーズ

ともに生きる保育原理
B5判　192頁　定価2,420円（税10%）

幼児教育の原理〔第2版〕
B5判　176頁　定価2,200円（税10%）

今に生きる保育者論〔第4版〕
B5判　216頁　定価2,310円（税10%）

子どもの主体性を育む保育内容総論
B5判　208頁　定価2,310円（税10%）

保育内容　健康〔第2版〕
B5判　224頁　定価2,310円（税10%）

保育内容　人間関係〔第2版〕
B5判　200頁　定価2,310円（税10%）

保育内容　環境〔第3版〕
B5判　176頁　定価2,310円（税10%）

保育内容　ことば〔第3版〕
B5判　200頁　定価2,200円（税10%）

保育内容　表現〔第2版〕
B5判　176頁　定価2,420円（税10%）

乳児保育〔第4版〕
B5判　200頁　定価2,310円（税10%）

新・障害のある子どもの保育〔第3版〕
B5判　280頁　定価2,530円（税10%）

実践・発達心理学〔第2版〕
B5判　208頁　定価2,200円（税10%）

保育に生かす教育心理学
B5判　184頁　定価2,200円（税10%）

子どもの理解と保育・教育相談〔第2版〕
B5判　192頁　定価2,310円（税10%）

図解　新・子どもの保健
B5判　136頁　定価1,980円（税10%）

演習　子どもの保健Ⅱ〔第2版〕
B5判　228頁　定価2,420円（税10%）

新・子どもの食と栄養
B5判　236頁　定価2,530円（税10%）

株式会社みらい　https://www.mirai-inc.jp/
〒500-8137　岐阜市東興町40番地　第五澤田ビル
TEL (058)247-1227(代)　FAX (058)247-1218